KB231673

평범한 사람이 직장에서 성공하는 방법

평범한 사람이 직장에서 성공하는 방법

평범한 사람이 직장에서 성공하는 방법

나카지마 다카시(中島高志) 지음 | 홍영의 옮김

동해출판

'어른의 일'은 '아이의 일'과 대체 어디가 어떻게 다른 것일까?

어떻게 해야 좀더 생산성 높은 일을 할 수 있게 되는 것일까?

독특한 맛이 있는, 생각이 담긴 일이란 어떤 일을 말하는 것일까?

이 책에서는 그 구체적인 예들을 소개하고 있다.

‘어른의 일’이란 도대체 무엇일까?
‘일에 어른과 아이의 차이’가 있다는 말인가?

‘네, 있습니다’라고 힘차게 대답하고 싶다.
‘어른의 일’이란, 글자 그대로 ‘아이의 일’이 아니다. ‘아이의 일’이라는 것은, 말이 좀 좋지는 않지만, ‘어린 심부름꾼’을 말하는 것이다.

‘배우지 않아서 못하겠습니다.’
‘처음이라 못하겠습니다.’

일은 언제나 처음. 사실 인생에 있어서 같은 일이 두 번 되풀이되는 법은 없다.
어제와 오늘은 손님도 디르고 당신의 몸 싱태도 다를 것이다.

어제 정답이었던 것이 오늘은 오답이 되는 경우도 헤아릴 수 없이 많다. 이런 당연한 사실을 애초부터 알지 못한다.

어설프기 때문에 하나하나 지도를 하지 않으면 아무것도 하지 못한다. 지시하지 않으면 움직이지 않는다. 일을 맡기면 그것으로 그만, 도중에 보고를 해야겠다는 배려심도 없다. 마음 씀이 없다. 자기 일에만 급급하기 때문에 상대방의 입장에서 생각한다는 것은 꿈도 꿀 수 없는 일이다. 한마디로 아직 아이라는 얘기다.

그렇다면 '어른의 일'이란 어른의 그것인가 하면 그렇지도 않다. 이것은 보통이다. 아이의 일이라고는 하지 않겠지만, 어른의 그것은 아니다. 고작해야 '아른(아이와 어른의 중간)의 일'일 것이다.

'어른의 일'이란 성과, 스피드, 생산성이 적어도 두 배가 되어야만 한다. 조직의 일원이라는 사실을 자각하고 있기 때문에 팀 플레이를 하려고 노력한다. 나만 좋으면 된다고는 생각하지 않는다. 무엇보다도 생각에 생각을 거듭한 끝에 부가 가치가 높은 일을 한다.

'배우지 않았다.'
'처음.'
'어렵다.'

이런 생각은 하지 않는다. 애초부터 '못한다'고 생각하지 않는다. 조건반사적으로 '어떻게 해야 가능할까?'를 생각한다.

지금까지의 지식과 체험, 캐리어를 총동원하여 도전한다. 때로는 주위의 힘을 끌어들여 성과를 올린다. 즉 '생각이 담긴 일'을 하는 것이다. 이것이 '아이의 일', '어린 심부름꾼'과 다른 점이다. 자신의 판단으로 하나하나 단골 고객을 만들고, 교섭을 해서 성과를 올린다. 아이디어를 짜내고, 프로젝트를 움직이고, 신상품과 신사업에 손을 대서 성공을 거둔다.

지식, 체험에 상상력을 더하여 역동적인 일에 힘차게 도전한다. 그런 비즈니스맨이 되시길 바란다.

지금 '아이의 일', '어린 심부름꾼' 수준이라면 그나마 다행이다. '물은 그릇에 따라서 모양이 변한다'는 말처럼, 지금부터 어떤 모습, 형태로도 변할 수 있기 때문이다. '어른의 일'을 하는 법을 익힌다면 앞으로 얼마나 크게 될지 상상할 수도 없을 것이다.

'어른의 일'은 '아이의 일'과 대체 어디가 어떻게 다른 것일까? 어떻게 해야 솜더 생산성 높은 일을 할 수 있게 되는 것일까? 독특한 맛이 있는, 생각이 담긴 일이란 어떤 일을 말하는 것일까?

이 책에서는 그 구체적인 예들을 소개하고 있다.

꼭 급소, 요점을 훔쳐내서 '일 잘 하는군'이라는 칭찬을 들을 수 있도록 '어른의 일'을 해보이기를 바란다.

나카지마 다카시

Contents ....

Contents ....

4 '어른의 일' 불가능을 가능으로 만든다! 이것이 능숙하게 머리를 사용하는 방법이다

'어른의 일'은 이 세 가지 시나리오로 성공을 이끌어 낸다!

'어른의 일', '여기'를 두드리면 성공의 문은 반드시 열린다!

1

‘어른의 일’과
‘아이의 일’

스물다섯 살이 되던 해 여름까지 나는 비즈니스맨으로서 완전히 실격이었다.

‘비즈니스맨 실격’, 아니 사회인 실격이었을지도 모른다.

예를 들어서 당신의 팀에 이런 사원이 있다면, 어떻게 생각하겠는가?

‘무엇 때문에 이 일을 하고 있는지?’ 조차도 모른다. 나날이 주어진 일을 하기는 한다. 하지만 도대체 이 일이 얼마나 도움이 되는 일인지를 생각하려 들지도 않는다.

당연히 ‘좀더 돈을 벌어들이자, 좀더 효율적으로 일하자, 좀더 팀을 위해서’라는 생각으로부터도 멀리 떨어져 있다.

물론 본인의 말을 들어 보면 일 중에서 ‘이것은 재미있다’고

느끼는 부분도 있고, 문제나 사고가 일어나면 '어떻게든 해봐야
지'라고 생각하기도 한다. 하지만 화장실에 갈 때 다르고 나올
때 다르다는 말처럼, 폭풍이 지나가 버리면 그것으로 그만.

'좀더 힘내자.'
'좀더 돈을 벌자.'
'좀더 제대로 된 일을 하자.'
'좀더 성장하자.'
'좀더 공헌하자.'

이런 기분은 눈곱만큼도 없다.

일을 하기는 하지만 애초부터 '무늬만 비즈니스맨'이지 일에
혼신의 힘을 쏟지 않는다. 그렇기 때문에 제대로 풀리지 않는다.

그리고 대처 능력이 없다. 문제가 발생하면 자신이 해결하려
들기보다는 선배나 상사에게 떠맡기는 것이 편하기 때문에 그렇
게 해버린다. 문제가 사람을 성장시키는 기회가 된다는 사실을
조금도 알지 못한다.

실수를 하면 갑자기 기분이 나빠진다. 하긴 누구나 기분이 좋
지야 않겠지만, 그것이 얼굴과 태도에 나타나 버린다. 한 사람의
감정이 팀에 주는 영향 같은 것은 생각지도 않는다. 이러한 일이
몇 번 반복되면 '저 녀석은 기분파'라는 평가가 굳어 버린다는
사실을 조금도 알지 못한다.

상사가 변변치 못한 경우, 이번에는 정의의 사자로 변신. '이 팀을 이끌고 있는 것은 바로 나다'라는 생각(틀림없이 자만심일 것이다)에 그친다면 그나마 다행이다. 사람을 무시하고 장유유서도 무시해 버리는 독불장군이 되어 버린다면 이건 완전히 끝장이다.

한마디로 말하자면 '프로 의식'의 결여. 다시 말하자면 '아이'인 것이다. 아이가 하는 일이 좋은 평가를 받을 리가 없다. 백해무익.

이제 와서 무엇을 숨기겠는가? 이것이 바로 스물다섯 살까지의 나의 모습이었다.

하루하루 아이의 일. 회사에는 아무런 공헌도 하지 못했을 것이라고 생각한다. 공헌은커녕 당시 내게 있어서 최대의 공헌은 회사를 그만두는 것이었을지도 모른다. 틀림없이 주위 사람들도 나를 대하기 힘들었을 것이다.

'부하는 상사를 고를 수 없다'고들 말하지만, 상사에게도 할 말은 있다. 상사도 부하를 고를 수 없다. 일단 배속되면 그것으로 그만, 나와 같이 한심한 부하와도 함께 일을 해나가지 않으면 안 된다. 전력에 도움이 되도록 키워 나가지 않으면 안 된다. 그 덕분에 상사는 스트레스만 쌓인다.

02

프로 의식은
어느 날 갑자기, 눈을 뜬다

그런 아이라도 머리를 쿵, 하고 한 방 얻어맞으면 눈을 뜨게 되는 법이다.

재미있게도 눈을 뜸과 동시에 인간은 180도로 바뀌어 버리게 된다. 그야말로 '인간 혁명', '사람은 변한다'이다.

아이가 어른이 되었으니, 그는 예전의 그가 아니다. 이렇게 되면 당연히 '아이의 일'이 '어른의 일'로 뒤바뀐다. 마치 오셀로와도 같다. 그러면 팀의 분위기에서부터 성적에 이르기까지 모든 것이 일변하게 된다. '정말? 이렇게 바뀌다니'라고 생각될 정도로.

도대체 어떤 충격이 있었던 것일까?

그것은 감동이다.

머리만 컸지 건방지고 말뿐인 아이에게 '쿵!' 하고 일격을 가한 것은 단골 거래처였으며, 일이었다.

당시, 전혀 도움이 되지도 못하면서 불평만 털어놓던 아이는 자신이 원하던 곳으로 자리를 옮겼다(오냐오냐했더니 머리꼭지까지 기어오른 셈이다). 다음 일은 중소 기업 경영자들에게 매니지먼트를 지도하는 것. 머리만 큰 놈이라도 할 수 있는 일이다.

그런데 여기서 나는 '혼'이라는 것을 배우게 되었다. 사업을 시작해서 성공을 거둔 경영자들을 차례차례로 만나 이야기를 들었다. 1년 6개월 동안 대충 500명 정도의 경영자를 만났을 것이다.

물론 옥석혼효(玉石混淆)였다. 그럭저럭 이름이 알려져 있는 회사도 있는가 하면, 전혀 알려져 있지 않은 회사도 있었다. 하지만 그런 것은 아무래도 상관없는 일이었다. 경영자는 경영자. 한 나라, 한 성의 주인으로서 죽을힘을 다해서 일을 하고 있었다.

'피 섞인 소변을 본 적이 있는가?'

일을 할 때는 그 정도로 열심히 해야 한다는 것이었다. 이들을 만나면서 아이의 머리가 점점 세뇌되어 갔다.

인간이 변하는 이유는 머릿속의 OS(오퍼레이션 시스템)가 재설치되기 때문이다. 뇌의 일부분에 지식이나 정보가 스며드는 것과는 차원이 다르다. '아! 그렇군', '과연'이라고 머리로 이해했다고 해서 인간이 변할 리가 없다.

‘이거 큰일인걸’, ‘음’이라고 신음을 올린 뒤 입도 열지 못하게 할 정도의 감동이 인간을 변하게 하는 것이다. 눈이 확 트이고 머릿속에서 낡은 OS가 펑펑, 터져나갈 정도의 감동만이 아이를 어른으로 만드는 것이다.

모든 일은 감동에서 시작된다. 아니 감동에서 시작하지 않으면 안 된다. 혼이 담겨 있지 않기 때문이다.

'어른의 일'로 변하는 순간,
성과가 이렇게 달라진다!

그렇다면 혼을 담는다는 것은 도대체 무슨 뜻일까?

일의 차원이 갑자기 높아지는 것이다. 믿을 수 없을 정도의 수준으로까지 상승하는 것이다.

전국에 20개 점포를 두고 있는 유명 라면 가게 경영자가 이런 말을 했다. "나는 라면을 만들고 있는 게 아니다. '고맙습니다'를 만들고 있는 것이다." '고맙습니다'는 라면을 다 먹은 손님들이 언제나 그에게 하는 말이다. 라면 가게 외에 좀더 '좋은 일'이 있지 않을까 생각하고 있던 그가 문득 이 말에 눈을 떴다.

하루 종일 듣던 말이 그제야 비로소 '의미'를 가진 말로 들린 것이다.

'라면 장사야말로 천직이다!'

신이 내려왔다고 말해도 과언은 아닐 것이다(적어도 그에게는 그랬을 것이다). 지금 그는 가게를 전국적으로 체인점화 하여 대성공을 거두고 있다. 그렇게 된 원인을 찾아보면, '아이의 일'이 '어른의 일'로 변했기 때문이라고밖에 달리 표현할 길이 없다.

'아이'가 '어른'으로 변하는 순간, 프로 의식을 갖게 된 것이다.

분명하게 말해 두겠는데, 프로 의식이란 서서히 눈을 떠가게 되는 것이 아니다. 어느 날 갑자기 툭, 하고 떨어지는 것이다. 물론 스무 살에 내려오는 사람도 있는가 하면, 마흔 살에 내려오는 사람도 있다. 사람에 따라 다르다. 당연히 평생 내려오지 않는 사람도 있을 것이다.

내 경우는 그것이 스물다섯 살 때였다는 것일 뿐이다.

이때를 경계로 사람이 바뀌었다고 생각한다. 진지해진 것이다. 이전까지는 비즈니스맨이라고는 하지만 '손님'에 지나지 않았다. 그러던 것이 드디어 의식상의 프로가 되었다.

'좀더 힘내자.'
'좀더 돈을 벌자.'
'좀더 제대로 된 일을 하자.'
'좀더 성장하자.'
'좀더 공헌하자.'

그래 한 번 해보자. 어떤 일에나 적극적으로 도전하자. 한 번 뿐인 인생이니, 무엇이든 해보자.

'최선을 다했으니까'라는 변명은 그만두자. 아이의 일이라면 모르겠지만, 어른의 일은 결과만으로 판단되는 것이다. 평가는 모두 결과에 따르는 것. 제아무리 노력을 했다 하더라도 못한 것은 못한 것이다.

불평을 할 때는 반드시 '대안'을 제시하자. '무엇이든 반대!'는 만년 야당과 같은 것으로, 주인 의식이 없다는 것을 의미한다. '나라면 이렇게 하겠다!', '이렇게 하는 것이 최선입니다!'라고 제안을 하자. 그러기 위해서는 문제 의식과 깊은 지식, 풍부한 정보, 시점을 달리한 발상이 가능해야만 한다. 공부를 해야 한다.

그리고 무엇보다도 행동이다. 생각만으로는 아무것도 되질 않는다. 비즈니스맨은 평론가나 학자가 아니다. 모든 일에 결과와 자기 책임을 추궁당한다 . '도전에서 얻은 실패는 생각지 말자'고 스스로 결정한다. '도전에서 얻은 실패에 대해서는 추궁하지 않겠다'고 상사가 말한 것이 아니다. 자기 마음대로 결정하는 것이다. 하지 않고 후회하기보다는 비록 실패를 한다 하더라도 자신의 캐리어로 삼아야 한다. 실패를 위해서 지불한 수업료는 후에 반드시 되찾는다. 그러면 회사도 용서해 줄 것이다.

'진지한 자세'로 돌입하게 되면 비즈니스맨으로서의 자각은 이렇게까지 변하게 된다.

하지만 아이였던 나의 경우, 그것으로 간신히 스타트 라인에
서게 되었을 뿐. 선배는 물론 동료, 후배까지도 훨씬 앞서 달리
고 있었다. 몇 바퀴나 뒤쳐져 있는 건지 알 수도 없었다. 꼬박 3
년 동안 잠을 자고 있었으니 하는 수 없었다. 여기서 비로소 눈
을 떴다. 이제 남은 것은 최선을 다해서 쫓아가는 것뿐.

도전자에게 '못한다'라는
말은 없다!

<u>의식은 아이에서 어른이 되었지만, 나의 경우는 안타깝게도 약간 때를 놓치고 말았다.</u>

출판 편집 부문에서 쫓겨났고, 교육 연수 부문의 일에서도 상사 전원과 대립하는 등, 그 마음이 넓은 상사들도 더 이상 어쩔 수 없었는지 나는 결국 심신 모두가 피곤하기 짝이 없는 직판 세일즈 부문으로 자리를 옮기게 되었다.

뒤에 들은 얘기에 의하면, 부문장도 나의 이동(異動) 소식에 전전긍긍했었다고 한다. 즉 내가 부 내를 뒤엎지나 않을지 걱정했던 것이다.

하지만 그런 걱정은 전혀 할 필요가 없었다. 이미 머릿속 OS가 바뀌었기 때문이다. 심지어는 '이래도 안 되면 그만두겠다.'

는 각오까지 하고 있었다.

그런데 주위에서는 매우 조심스럽게 취급을 했다. 평소에도 위험한 폭발물 취급을 하고 있었으니, 어쩔 수 없는 일이었다. 당사자인 나는 그런 생각 같은 것은 이미 털어 버린 뒤였다. 따라서 '징계성 인사에 틀림없이 절망하고 있을 것이다!'라는 주위의 걱정도 날려 버렸다.

그래도 설마 가장 하고 싶지 않았던 일을 하게 될 줄이야……좀 과장되게 이야기하자면, 인생은 참으로 알 수 없는 것이다. 정말로 영업만은 하고 싶지 않았다. 일자리를 구할 때도 상사, 판매 회사만은 절대로 지원하지 않았다. 학생 시절, 상법은 물론 민법, 회계, 마케팅과 같은 과목은 절대 듣지도 않았다. 그만큼 영업이라는 일을 싫어했다.

그런 내가 영업으로 배속되었던 것이다. 지금 생각해 보면 얼마나 운이 좋았던 것인지를 절실하게 알 수 있다. 왜냐하면 머릿속 OS가 바뀐 순간, 세일즈라는 일은 내가 어느 정도의 인물인지를 실제로 시험해 볼 수 있는 일이있기 때문이다.

여기서는 어디까지나 도전자. '못한다', '싫다', '하기 싫다'라는 말은 절대 할 수 없었다. 말을 해버리는 순간 아이로 되돌아가기 때문이다. 신참에 지나지 않으니, 로마에 가면 로마법을 따르라, 팀컬러에 맞추자.

'처음이라는 것은 알겠지만 입사 3년째이니, 그 나름대로의 일은 해주긴 바라네'라머 부문장이 일부러 설명올 해주었다. 침으로 옳은 말이었다. 인건비를 생각해 보거나, 같은 시기에 입사한 동료들과 비교해 보더라도 그 정도의 할당량은 타당한 것이었다. 단, 지금까지 그 정도의 할당량을 달성한 사람이 없었던 것도 사실이었다. 그 정도로 많은 일이었다.

하지만 도전자인 내게 있어서 '못한다'는 말은 없었다(나폴레옹은 아니지만, 내 사전에 '불가능'이라는 단어는 정말로 없었다).

그런데 전임자로부터 받은 것은 명함 뭉치(거래처 담당자), 그리고 '거래 곤란'이라는 네 글자가 나란히 적혀 있는 거래 장부뿐. '그래도 단골 거래처는 몇 군데 있겠지'라고 생각했는데, 그것도 오산이었다. 자리를 옮긴 직후 상사와 함께 거래처에 인사를 겸해서 찾아갔더니, 느닷없이 "전임자가 이게 마지막 거래라고 해서 거래를 했어요"란다. 어딜 가나 마찬가지였다.

과연 주어진 양의 일을 달성할 수 있을까? 아니 도대체 매출액을 얼마나 올릴 수 있을까? 하지만 '못한다'고는 말할 수 없었다. 안 되면 되게 하는 수밖에 없었다.

도대체 어떻게 해서?

05

이 메시지의 의미를 알겠는가?

조금만 더 내 얘기를 해보겠다.

사실 이 일은 내 적성에 딱 맞았다. 물고기가 물을 만난 것처럼 생기에 넘쳐 있었다. 이전까지의 따분한 생활에 비하면 보람이 있었다. 누가 뭐래도 젊었을 때는 열심히 단련을 해야 한다. 힘든 일이라는 사실조차도 즐거웠다.

특히 '상사가 될수록 더욱 질타를 받는다'는 사실도 마음에 들었다. 그때까지는 상사가 되지 못하면 손해라고 생각하고 있었을 정도였다. 하지만 세일즈라는 일에서는 위에 오르면 오를수록 더욱 엄격하게 책임을 추궁당한다.

'교육할 때 불친절하다.'

'어드바이스가 적절하지 못하다.'

계장보다는 과장이, 과장보다는 부장이 더욱 심하게 야단을 맞았다. 그리고 말단 영업 사원인 나는 잔소리 정도. 쉽게 말하자면, 성과가 오르느냐 마느냐는 전부 책임자, 관리자에 따라 결정된다. 이 원칙에 철저했던 것이다.

거꾸로 말하자면, '야단 맞는 사람이야말로 참된 어른'이라는 말이 있으니, 야단을 맞으면 맞을수록 기뻐진다. 조금 이상한 매니지먼트지만, 이것은 마쓰시타 고노스케 씨가 직접 밝힌 노하우다. 확실하게 말해서 이 지도법이 철저하게 지켜지고 있었던 것은 이 부문뿐이었다.

'나 대신 상사가 야단을 맞고 있다'는 사실이 부하와 상사 사이에 일체감을 연출한다. 과연 고노스케 씨는 사람을 다루는 명인이었다. 예전부터 알고 있었던 것이다. 나도 이것이 조금은 마음에 들 정도였다. '어른의 매니지먼트'란 바로 이런 것이어야 한다.

한편, 과중한 목표량을 할당받았지만, 결과부터 이야기하자면 6개월 동안에 전대미문의 세일즈 기록을 세우게 된다.

그 비결은 이렇다. 다행스러운 것은 전임자가 '거래 곤란'이라는 네 글자를 확실하게 적어 두었다는 점이었다. '이런 인수인계가 무슨 도움이 된단 말인가?'라며 이상하게 생각할지도 모르겠지만, 이것은 매우 중요한 정보를 내포하고 있는 것이다. 알겠는가?

'거래 곤란'이라는 말의 속을 읽어 보면 '(이 명함의 주인과는 만나봐야) 거래 곤란(이다)'이라는 메시지인 것이다. 머리만 큰 놈이었기 때문에 나는 이 메시지를 깨닫는 데 3일이나 걸렸다. 만약 전문 영업 사원이었다면, 생계가 달려 있기 때문에 단박에 깨달 았을 것임에 틀림없다.

‘이런 사람과는 만나봐야 평생 결판을 못 낸다.’

따라서 먼저 명함을 본다. 직책에 주목한다. 그러면 대부분이 직함이 없다. 그렇다면 결정권도 없을 것이다. 타깃으로 삼아야 하는 것은 단번에 결단을 내릴 수 있는 사람이어야만 한다. 가능하다면 사장. 그게 힘들다면 임원. 하다 못해 부장. 최악의 경우 과장. 그 이하의 직함을 가진 사람을 만나서는 안 된다.

이것은 정답이었다. 소니라는 예외를 제외하고는 전부가 여기에서 벗어나지 않았다. 참고로 소니만은 ‘업무 내용’이 명확해서, ‘부장님을 부탁드립니다’라고 몇 번을 부탁했지만 ‘아니, 과장님하고 얘기하면 돼요’라며 조금도 물러서질 않았다. 과장하고 얘기해도 되나 한 번 보자며 약속을 한 뒤 만나보니, ‘이 업무는 과장에게 전부 맡겨진 것이니, 내가 결정하겠다’라는 것이었다. 그리고 그 말 그대로였다.

결정권을 가지고 있는 사람과 직접 만나니까 일이 풀렸다. 물론 ‘그건 안 되겠다. 거절하겠다’라는 최종 답변도 빨리 들을 수 있었다.

06

'누구나 할 수 있는 일'을 '당신만이 할 수 있는 일'로 만든다!

어째서 담당자들과 만나서는 일이 결정되지 않는 것일까?

그 이유는 담당자에게는 결정권이 없기 때문이다.

내 업무는 단행본이나 잡지를 기업체에 홍보하고 판매하는 일이었다. 우선 전 직원에게 상품에 관한 전단지를 돌리며 홍보를 한 뒤 신청을 받고 상품을 한 사람 한 사람에게 배포하고, 마지막으로 대금을 받아 입금을 하는 일까지 해야만 했다.

이렇게 귀찮은 일, 제아무리 교육의 일환이라는 대의명분이 있다고는 하지만, 아무도 하고 싶어하지 않을 것이다. '절대로 하고 싶지 않다'고 생각하고 있는 사람에게 제아무리 설명을 해도 먹혀들 리가 없었다. 따라서 그들과 몇 번을 만나도 결판이나지 않는 것이다.

하지만 사장을 비롯한 간부들은 판단 기준이 다르다. '업무가 복잡해진다'는 이유가 아니라, '얼마나 효과가 있는가'라는 가치로 평가를 하기 때문이다. 그렇다면 그 점에 대해서 철저하게 이야기를 하면 되지 않겠는가?

쉽게 얘기하자면, 능력이 없는 영업 사원은 가장 어려운 일(싫어하는 상대에게 강요를 하는 일)만을 하고 있는 것이다. 한편, 능력 있는 영업 사원은 가장 간단한 일(도움이 된다면 얼마든지 좋다)을 하고 있다. 그렇기 때문에 격차가 심해져만 가는 것이다.

이러한 점을 구별해 낼 수 있는가, 없는가? 이것에 따라서 영업 성적이 하늘과 땅 차이로 벌어지는 것인데, 안타깝게도 이것은 단순히 이론만으로 구별해 낼 수 있는 것이 아니다. 감이 뛰어난 사람, 인간에 대해서 잘 알고 있는 사람, 아수라장을 극복해 온 사람이 아니고서는 할 수 없는 일이라는 생각조차 든다. 순간 순간 자신의 머리로 판단하고, 창의적인 생각을 영원히 추구하지 않으면 안 되는 일인 것이다. 뇌의 주름 하나하나에서 시혜라는 땀과 눈물이 흘러내리지 않으면 안 되는 일이다.

내게 있어서 이번 이동은 일발 역전 홈런이었다. 왜냐하면 때마침 첫 승진 시험과 시기가 겹쳤는데, 이 활약 덕분에 주위의 평가가 완전히 바뀌었다. '머리만 큰 쓸모 없는 사내'에서 변신하여, 인사 고과와 면접을 가볍게 돌파해 버렸기 때문이었다.

'아이의 일'을 졸업하고 처음으로 받은 선물이 바로 이것이었다. 만약 이곳으로 옮기기 전의 두 가지 일 중 어느 하나를 여전히 하고 있었다면 어땠을까?

결과는 뻔하다. '안 됐지만, 자네 떨어졌네'라는 말 한마디뿐이었을 것이다. 만약 내가 상사였다 하더라도 그런 사회인으로서 자격 미달인 인간을 승진시킬 리가 없었을 것이다. '그런 녀석마저 승진을 한다면 애당초 승진 제도 같은 거 있을 필요가 없잖아'라며 책임 문제로 발전하게 될 것이다.

이후 스물아홉 살이 되던 해 스스로 신규 사업을 제안하여 사업부가 되기까지 이 영업 부문에서 활약했는데, '어른의 일'에 있어서 일에 대한 보상은 다름 아닌 일이라는 사실을 잘 알 수 있었다.

어려운 일에 도전한다. 이것만으로도 좋은 평가를 얻는다. 성공을 한다면 칭찬과 존경을 얻을 수 있다. 숫자에는 설득력이 있기 때문에 애써 스스로 떠들고 다닐 필요도 없다. 나날의 일이란, 창의적인 생각이 성공을 거두느냐 실패를 하느냐를 묻는 것이니 자기 실현을 즐길 수 있다.

무엇보다도 매 초마다 성장을 하고 있다는 사실을 느낄 수 있었다. 밑바닥부터 시작했기 때문에 더욱 선명하게 느낄 수 있었을지도 모르겠다.

일에는 언제나 이 세 종류밖에 없다!

자기 자랑만 늘어놓았다. 이제 슬슬 질릴 때도 되었으니, 여기서 본론으로 들어가겠다.

'어른의 일'이라고 한마디로 말했지만, 실은 여기에도 세 종류가 있다는 사실을 알고 계시는지?

즉 다음의 세 종류다.

- 해야 할 일
- 처리해야 할 일
- 만드는 일

'해야 할 일'이란, 자신의 힘으로 해야 할 일을 말한나. 예를 들어서 경리 담당자가 각 부서에서 밀려 들어오는 전표를 초고속 으로 처리하거나, 영업에서 정확하게 가능성이 있는 고객을 방문하여 일을 설명하고 계약을 따내는 일 등을 말하는 것이다. 신속성과 정확성, 효율, 성과를 묻는 일이며, 독자적으로 처리하는 일을 말하는 것이다.

'처리해야 할 일'이란, 자신이 처리해야 할 일이 아니라 부하나 상사, 혹은 적임자에게 맡겨야 할 일을 말한다. 누구에게 맡겨야 가장 빨리, 성과를 올릴 수 있는지를 판별해서 맡긴다.

'아, 그 일이라면 ○○지', '이건 ○○씨, 부탁하네'라는 식으로 척척 처리해 버린다. 일의 질과 양을 보고 판단하여 사람을 지목한다. 물론 '조금 어렵겠지만 한 번 도전하게 해보자'라는 식의 배려하는 마음이 담기는 경우도 있다.

'해야 할 일'은 일의 질이나 양과는 상관없이 일단 착수를 할 수밖에 없다. 시간은 걸리겠지만, 어떻게든 대처하여 어떻게든 해내야 한다. 하지만 '처리해야 할 일'은 한층 더 높은 곳에서 봐야 한다.

예를 들어서 사장이나 임원의 책상 위에는 '기결', '미결', '보류'라는 세 종류의 상자가 놓여 있는데, 바로 이것을 말한다. 이것도 처리해야 할 일이다. 해야 하는가, 말아야 하는가, 잘 검토를 해봐야 하는가, 어떻게 처리하느냐에 따라서 회사의 장래가 결정되는 것이다.

'해야 할 일', '처리해야 할 일' 모두 일을 잘하는 사람은 신속하게 정확하게 처리한다.

세 번째인 '만드는 일'이란, 자신이 하는 것도 아니고 처리하는 것도 아닌, 낳는 것이다. '그렇다면 새로운 일을 말하는 것인가?' 하면 꼭 그렇지만도 않다. 창의적으로 생각하는 일을 말한다.

예를 들어서 판에 박힌 일이라 할지라도 어떻게 하면 더 편하게, 더 빨리, 더 효율적으로 할 수 있을지를 생각한다. 그 결과 개선, 개혁된 일이 얼마든지 있다.

'생각이 담긴 일'이란 이런 일!

예를 들어서 대학이나 아파트 게시판에는 공지 사항이 언제나 빼곡하게 붙여져 있다.

들여다보면 상당히 오래 전의 공지 사항도 있고, 하찮은 내용이 떡 하니 자리를 잡고 있어서 중요한 내용을 놓치게 되는 경우가 있을지도 모른다.

그렇다면 오른쪽 하단의 일정한 부분에 유효 기간을 기입하는 난을 만든다면 어떨까? 그렇게 하면 기한이 지났다는 사실을 한눈에 알아볼 수 있을 것이다. 기한이 지난 것은 발견한 사람이 그대로 떼어 버리면 된다. 덕분에 게시판은 언제나 깔끔할 것이다. 이것도 '만드는 일'의 일례다.

아는 분이 경영하고 있는 종합 병원에서 아무리 수를 써봐도 간호 보조 직원을 보충할 수가 없었다. 이렇게 취직하기 어려운 시대임에, 신문에 광고를 세 번이나 냈는데도 불구하고 응모자는 없었다. 난처해진 사무장이 병원장에게 상담을 하자, 이 문제에 대해서는 젊은 사람들의 의견도 들어 보자며 회의를 소집했다고 한다.

그러자 젊은 간호사들 사이에서 '호칭이 안 좋지 않나요?'라는 문제가 제기되었다.

사무장　호칭이라니? 간호 보조 직원을 채용하려는 것이니, 이것밖에 없질 않은가?

간호사　이미지 문제지요. 간호라고 하면 혼자 힘으로는 아무것도 하지 못하는 환자라는 이미지가 먼저 떠올라요. 우리 병원에는 자기 힘으로 움직일 수 있는 환자도 적지 않기 때문에 조금 부축을 하거나 도와주기만 하면 되는 경우도 많아요.

병원장　그래서?

간호사　간호 보조 직원이라고 하지 말고 리허빌리테이션(rehabilitation- 역자 주) 어시스턴트라고 하면 어떨까요?

사무장　그냥 외국어로 표현했을 뿐이잖아? 효과 있으려나?

병원장　상관없지 않나? 어차피 세 번 해서 실패를 했으니, 방법을 한 번 바꿔 보세.

그 결과, 모집 인원이 5명이었는데 20명이나 응모를 했다.

우리말을 외국어로 바꾸기만 하면 되는 것이다. 오른쪽에 있는 것을 왼쪽으로 옮기기만 하면 된다. '뭐야? 그게 다야?'라며 무시를 해서는 안 된다. 우리말을 외국어로 바꾸는 것만으로 효과가 있다면, 그것으로 좋은 것 아니겠는가?

'만드는 일'이란, 무에서 유를 창조하는 일이다. 그렇다고 해서 소설을 쓰거나 음악을 만들라는 얘기가 아니다.

굳이 분류하자면 다음과 같다.

▶▶ Make Better

다시 말하자면 'Improve', 즉 개선, 개혁, 개량이라고 부를 만한 것이다. 이것은 '어제보다 오늘, 반걸음이라도 나아졌다면 그것으로 됐다'고 표현할 수 있는 것이다.

▶▶ Make New

이것은 다시 말하자면 'Innovate', 즉 혁신이다. '지금까지 하지 못했던 것을 오늘부터 할 수 있도록 한다'고 표현할 수 있는 것이다.

'좀더 나은 것으로 만들자!'라며 개혁을 하는 것이 '만드는 일'의 시작인 것이다.

시작이 아니라 '결말'부터 생각한다

<u>무슨 일이든 시간과의 싸움이다.</u>

빠르면 빠를수록 이점이 있다. 빨리 완성하면 대금도 빨리 받을 수 있다. 그것으로 투자를 하거나 운용하면 몇 배로도 늘릴 수 있다. 또한 가령 실패를 한다 하더라도 그만큼 빨리 깨닫고 다시 시도할 수가 있다.

늦은 것보다는 빠른 것에 훨씬 더 많은 이점이 있다.

하지만 그저 빠르다고만 해서 좋은 것은 아니며, 속도가 빠르다고 해서 그만큼 성공하는 것도 아니다. '어른의 일'에는 속도보다도 중요한 것이 있다.

그것은 순서다.

'성공하는 사람과 못하는 사람의 차이는 오직 하나밖에 없다.

하루에 오 분 간 생각하고 있느냐 하는 점이다.'

이것은 미국의 작가 마크 트웨인의 말인데, 순서를 잘 생각한 뒤에 일을 하지 않으면 '어른의 일'을 할 수가 없다.

오래 전, 이화학 연구소라는 회사에서는 종업원의 친목을 겸해서 하이킹을 곧잘 행하곤 했다. 이 회사는 일본 과학 기술의 정수를 모아놓은 곳이기 때문에 이러한 숨 고르기도 필요했을지 모른다. 그들은 대표인 오코우치 마사토시(大河內正敏) 박사 댁(전 총리였던 다나카 카쿠에이 씨는 15살 때부터 한동안 이 집에서 묵었다)에 모여 출발하고는 했다.

어느 날, 박사가 한 젊은 남자에게 물통에 뜨거운 물을 가득 담아 오라고 명령했다. 그러자 그 남자는 이렇게 행동했다.

우선 물통에 냉수를 담았다.

'이봐, 냉수가 아니라 뜨거운 물이야.'

'네'라고 대답하면서도 계속해서 물통에 냉수를 담고 있었다. 물통이 가득 차자 이번에는 거기에 담은 물을 주전자로 옮겼다. 그리고 주전자의 물이 끓자, 그것을 물통에 담았다.

'그렇군. 생각을 한 뒤 일을 하는군. 자네 이름이 뭔가?'

'이치무라 키요시(市村淸)입니다.'

후에 리코상아이 그룹을 창업하는 인물이다. 이때부터 이미 보통 인물이 아닌 '어른의 일'이 가능한 인물로서의 편린을 엿

볼 수 있다. 오코우치 박사가 여러 면에서 중용한 이유를 알 것 같다. 물통에 뜨거운 물을 담는 일조차 생각이 담긴 일을 하는 사람과 그저 생각 없이 해치우는 사람이 있다.

이 경우에도 '물을 담아라'라는 말을 들으면 대부분의 사람은 처음부터 주전자에 물을 담질 않는가? 그리고 물을 끓여서 물통으로 옮긴다. 조금 부족할 경우엔 다시 조금 더 물을 끓인다. 두 번 일을 하게 된다. 반대로 남으면 버린다. 이번에는 낭비다. 두 번 일을 하는 것과 낭비. 양쪽 모두 비효율적이기 그지없는 일을 하고 있는 것임에 틀림없다.

비효율적인 결과를 낳는 이유는 '시작' 부터 생각을 하기 때문이다. 시작부터 생각하기 때문에 후에 일이 어떻게 될지 예상을 하지 못하고 그때그때 상황에 따라 행동하게 되는 것이다.

시작이 아닌 '결말' 부터 생각한다면 어떻게 될까?

결말은 목표 지점을 말한다. '생각이 담긴 일'에는 과정 중에 조금 색다른 창의석인 생각이 가미되는데, 그렇게 할 수 있는 것도 목표 지점을 명확하게 보고 있기 때문이다. 목표 지점에서 시선을 떼서는 안 된다. 순서에서 대부분의 성과가 결판난다. '어른의 일'에는 우선 목표가 있다.

일을 '단번에 결판' 내려면 처음부터 목표 지점을 포착해 두지 않으면 안 된다.

언제나 데드라인을 의식하라

'어른의 일'을 할 때, 반드시 '데드라인'이라
는 말을 입버릇처럼 되뇌기를 바란다.

데드라인이란 목표를 달성하는 날을 말한다. 일을 할 때, 반드
시 날짜를 정하는 것이다.

예를 들어서 단골 거래처로부터 일을 의뢰받았다면, '데드라
인은 언제입니까?', 상사로부터 지시를 받으면 '데드라인은?' 이
라고 확인을 한다. 홍보부로부터 원고를 의뢰받았을 때도 '그런
데 데드라인은 언제?' 라고 묻는다.

왜 입버릇처럼 하지 않으면 안 되는가?

일에는 '데드라인=마감' 이 반드시 따라다니기 때문이다. '되
도록 빨리' 라는 애매한 의뢰는 받아들이고 싶지 않다.

'되도록 빨리, 로는 잘 모르겠습니다. ○월 ○일이라고 정확하게 지정해 주십시오. 나이 어린 심부름꾼이 아니니까요.'

데드라인이란 그 일이 필요한 마지막 순간을 말한다. 이것이 있어야 비로소 계획을 세울 수 있다.

예를 들어서 아폴로 11호가 달 표면의 착륙에 성공한 것도 '10년 이내에 인류가 달 위에 서도록 하겠다'고 케네디 대통령이 데드라인을 명확하게 설정한 순간을 기점으로 시작된 일이다. 로켓 개발은 물론 부품의 연구 개발, 로봇 연구, 관계자 모집, 양성 등 모든 프로젝트를 둘러싸고 수행된 것이다.

헤아릴 수도 없이 많은 프로젝트가 로직 트리처럼 카테고리별로 편성되어 있었던 것이다. '로켓이 완성된 후에 달 표면 착륙을 생각하자'는 순서가 아니었다.

처음부터 데드라인이 있었다. 그리고 어떤 수준의 일이든 전부 데드라인을 향해서 돌진하는 것이다. 따라서 처지는 것은 용납되지 않는다. 하나의 처짐, 예를 들어서 '부품을 하나 만들지 못했습니다'라는 처짐으로 모든 계획이 엉망이 되어 버리기 때문이다.

모든 힘을 한 점에 집중시키면 굉장한 힘을 발휘하게 되는데, 이 데드라인도 나약한 선과 같은 힘을 모아서 굵게 만들기 위한 수단에 다름 아닌 것이다.

'아이의 일'은 언제나
우선 순위를 잘못 안다

'어른의 일'을 할 때, 다음 다섯 가지 포인트를 염두에 두면 효율적으로 일을 할 수 있다.

1_ 가장 빨리 할 수 있는 방법은 무엇인가?

2_ 가장 편리한 방법은 무엇인가?

3_ 가장 경비가 적게 드는 방법은 무엇인가?

4_ 가장 많이 벌어들일 수 있는 방법은 무엇인가?

5_ 여기까지 생각하면 자연스럽게 '가장 효율적인 방법은 무엇인가?'에 대한 결론을 도출할 수 있다.

이 다섯 가지를 철저하게 생각하는 것이다.

레스토랑을 경영하는 사람이 최근 몇 년 간 판매액이 점점 떨어져서 결국에는 가게에서 손을 떼게 되었다. 그의 행동을 보고 있으면 이 다섯 가지가 얼마나 중요한지를 역으로 알 수 있다.

왜냐하면 그는 레스토랑을 그만두면서 생긴 자금을 밑천으로 다른 업종에 손을 대려고 생각 중인데, 이야기를 들으면 들을수록 우선 순위를 잘못 생각하고 있다는 것을 알 수 있기 때문이다.

물론 그가 가장 먼저 생각해야 할 것은 '사업의 성공'이다. 어떤 사업을 할지도 이미 정해 두었다. 다음으로 필요한 것이 방법론이다. 열의는 있다. 가족들이 있기 때문에 필사적이다.

가장 빨리 성공을 거둘 수 있는 방법으로써 나는 이미 그 분야에서 실적을 올리고 있는 경영자를 그에게 소개시켜 주었다. 이 경영자는 '성공하는 기업 학원'을 개최하여 자신의 성공 노하우를 가르치고 있다. 세미나 참가비는 10만 엔. 이 가격으로 그 경영자의 성공 노하우를 배울 수 있다면, 오히려 싼 것이라고 생각한다.

하지만 궁해지면 판단력이 흐려지는 것일까? 그는 '성공한 뒤에 배우면 안 될까? 그게 안 된다면 책(사업의 해설서도 출판했다)으로 공부하겠다'라는 것이다. 이 말에는 두 손을 들 수밖에 없었다. '앞으로 평생 먹고 살' 기술과 노하우를 습득하는 데 조그만 투자도 할 수 없다니, 앞날이 걱정되질 않는가?

책에 적혀 있는 것은 일반론에 지나지 않는다. 만나서 이야기를 듣고, 끊임없이 질문을 해서 의문짐, 불안한 점을 조금이라도

해소한다. 이것이 리스크 관리이자 성공으로 가는 지름길이라고
생각한다.

'성공한 사람에게 배운다'라는 것은 비결을 합법적으로 훔치
는 것이다. 노하우나 기술과 같은 정보를 사는 것이 아니라, 성
공을 사는 것이다. 아니 '시간'을 사는 것이다. 처음부터 공부를
해가지고서는 시간이 부족하다. 따라서 성공한 사람들로부터 성
공에 이르는 비결을 들어 시간을 절약하자는 것이다.

이것이 가장 싸고, 빠르고, 간단하게 벌 수 있는 방법이다. 즉
효율적인 방법이라고 생각한다.

‘To Do’ 리스트로 유효 기한을 붙인다

‘시간은 금이다’라고들 말하는데, 비즈니스 맨에게 있어서는 어디까지나 ‘시간은 코스트’다.

돈은 한 번 잃어도 나중에 다시 되찾을 수 있다. 하지만 시간은 일단 잃어버리게 되면 다시 되돌릴 수가 없다.

‘급한 일이 중요한 일인 경우는 거의 없으며, 중요한 일이 급한 경우도 거의 없다.’

이것은 드와이트 D. 아이젠하워(미국의 제34대 대통령)의 말이다.

크레임 처리나 부주의에 의한 사고로 급한 일이 날아든다. 그 덕분에 중요한 일은 언제나 뒷전이다. 대통령도 이런 경험을 몇 번이고 했던 것이리라. 잃어버린 시간은 영원히 돌아오지 않았을 것이다.

안타깝게도 제아무리 우수한 사람에게도 하루는 24시간밖에 없다. 동시에 제아무리 못난 사람에게도 24시간이나 있다. 언뜻 공평하게 보인다. 하지만 시간만큼 불공평한 것도 없는 법이다.

도대체 이 시간을 어떻게 활용해야 하는가? '어른의 일'을 하기 위해서는 어떻게 시간을 쓰는 것이 가장 좋은 것인가?

그 힌트가 되는 것이 'To Do' 리스트의 활용이다. 'To Do' 리스트란, 해야 할 일을 메모하는 것이다. 그런 다음 **1**, **2**, **3**······과 같은 방법으로 우선 순위를 정하여 리스트화 한다. 작은 종이에 메모하여 책상에 붙여도 좋고, 수첩에 적어도 좋다.

어쨌든 우선 순위에 따라서 일을 진행시키는 것이 요령. 실수로라도 **1**을 무시한 채, **5**나 **6**부터 시작해서는 안 된다. 무슨 일이 있어도 **1**부터 시작하여 **1**이 끝난 다음에 **2**로 옮겨가야 한다. 물론 **1**과 **5**가 동시에 끝난다 해도 그것은 상관없는 일이다. 하지만 반드시 **1**부터 시작한다.

예전에 도코 토시오(土光敏夫, 이시카와지마 하리마 중공업 사장, 도시바 사장, 경단련 회장 등을 역임)는 전철 안에서 신문을 읽고 있던 관리직 사원에게 일갈.

'그런 건 집에서 읽게나. 차 안에서는 출근해서 해야 할 일의 우선 순위를 정리해 두게.'

그만큼 중요한 것이다.

하지만 이런 내용은 어느 책에나 적혀 있을 것이라고 생각된다. '어른의 일'에서는 이를 더욱 발전시켜야 한다.

즉 다음과 같이 모든 일에 우선 순위를 정하는 것이다.

1_ 오늘 해야 할 일의 'To Do' 리스트.

2_ 내일 해야 할 일의 'To Do' 리스트.

3_ 다음 주에 해야 할 일의 'To Do' 리스트.

4_ 다음 달에 해야 할 일의 'To Do' 리스트.

이것을 동시에 정리해 주기 바란다. 왜냐하면 내가 영업 사원으로 있었을 때, 하루만의 'To Do' 리스트로는 일을 제대로 할 수 없었기 때문이다. 세일즈를 해본 경험이 있는 사람이라면 잘 아시리라 생각되지만, 상대와의 약속은 오늘 전화해서 오늘 만날 수 있는 경우는 거의 없다. 경험에 의하면, 오늘 전화를 하면 두 주 후나 혹은 다음 달이 된다. 따라서 필연적으로 오늘의 일은 두 주 후나 혹은 다음 달의 일이 되어 버린다.

물론 오늘의 우선 순위, 내일의 우선 순위, 다음 주와 다음 달의 우선 순위는 제각각 다를 것이다. 즉 우선 순위에는 제각각 수명이라고 해야 할지, 유효 기간이라는 것이 있는 법이다.

예를 들어서 ○○사라는 대기업을 공략할 경우, 6개월에 걸쳐서 인맥을 만든 뒤에 일 년 뒤에 계약을 성사시키자고 생각했다고 하자. 그러면 ○○사와의 교섭은 1년 동안, '오늘 해야 할 일’, ‘내일 해야 할 일’, ‘다음 주 해야 할 일’, ‘다음 달 해야 할 일’의 모든 항목의 우선 순위 **1**에 오게 된다.

이것을 철저하게 지켜 나간다. 다른 일은 우선 이 일을 끝낸 다음에 시작하는 것이다.

효율로 비교한다!

타이타닉 호가 침몰하려는 순간, 레스토랑에서 의자를 정리 정돈하고 있던 사람이 있었다고 한다.

그야말로 블랙 조크라고 할 수 있지만, 그를 비웃을 수 있는 사람은 얼마 되지 않을 것이다. 나도 기껏해야 쓴웃음 정도밖에는 지을 수 있을 깃 같지가 않다.

일이 잘 되어갈지 어떨지는 우선 순위와 집중력에 따라서 결정된다.

예를 들어서 고객으로부터 크레임 전화가 걸려왔을 때, 변명을 하기만 할 뿐 사과의 한마디를 깜빡 잊고 하지 않아서 고객의 화가 불에 기름을 부은 것처럼 번져 오르는 일은 흔히 있는 일이다. '왜 그렇게 화를 내는지 모르겠다'고 불평을 하면서도 '사신의 대응 때문에 일이 그렇게까지 발전했다'는 사실은 깨닫지 못한다.

변명을 하기 전에 해야 할 일이 아주 많다.

1_ 우선, 사죄를 할 것.

2_ 왜 화가 났는지 그 이유를 들을 것.

3_ 사실 관계를 조사할 것.

4_ 조사한 내용을 설명할 것.

5_ 어떻게 해야 관계를 회복할 수 있을지 상담할 것.

우선 순위는 위에 적혀 있는 순서대로다.

지금 과연 무엇을 해야만 하는가? 가장 우선시해야 할 일은 무엇인가? 'What To Do(무엇을 해야 하는가?)'는 'How To Do(어떻게 해야 할 것인가?)'보다 중요한 포인트다.

하지만 실제로는 어떤 것을 우선시해야 하는 것일까? 비슷한 일의 경우, 이것을 판단하기가 그리 쉽지 않으리라 생각된다. 숫자화 할 수 있다면 쉽게 판단할 수 있겠지만, 그러기 위해서는 가늠자가 필요하다.

나는 일을 할 때, 시간과 성과(언제까지나 예상이지만)를 기반으로 결정한다. 예를 들어서 시간과 성과의 관계를 다음과 같이 나타내 보자.

1_ 시간 10 : 성과 10

2_ 시간 10 : 성과 15

3_ 시간 15 : 성과 15

이 경우 **2**가 가장 효율적이라는 사실은 명백하게 알 수 있다. 그렇다면 다음은 **1**인가 **3**인가? 어느 쪽일까?

물론 이것은 목표를 어떻게 생각하느냐에 따라서 달라진다. 예를 들어서 생산성이라는 관점에서 생각한다면 **2**가 최선일 것이며, **1**과 **3**은 동률로 차선이 된다. 또한 데드라인이 10(단위는 분, 시간, 일, 연 등 무엇이든 상관없다)이라고 정해져 있다면, 역시 **2**가 최선이 된다. **1**이 차선. **3**의 15는 제아무리 성과가 15로 높다 하더라도 실격. 하지만 만약 데드라인을 조금 뒤로 미루더라도 성과를 우선시하는 것이 목적이라면 **2**와 **3**이 최선이 된다.

이처럼 목적이 어디에 있는가 하는 조건에 따라서 우선 순위는 얼마든지 변하기 때문에, '어른의 일'에 있어서는 목적이 어디에 있는가를 확인하면서 어떻게 해야 하는지를 생각해야만 한다.

일 분당 매출액으로 환산해 본다

<u>그렇다면 다음과 같은 경우는 어떨까?</u>

1_ 한 시간당 300만 엔의 매출액.

2_ 30분당 60만 엔의 매출액.

이것은 생산성이라는 면에서 보자면, **1**은 1분당 5만 엔, **2**는 1분당 2만 엔으로 2.5배나 되는 차이가 있다. **1**의 경우가 훨씬 더 커다란 이익이 된다. 같은 일이라면 반드시 **1**과 같은 일을 하는 편이 득이다.

하지만 잘 생각해 보면 알 수 있듯이, 이득이 큰 일은 어려운 일이 적지 않다. 예를 들어서 당신이 영업 사원이라면, 지금까지 거래가 전혀 없었던 회사 등이 바로 그렇다. 하지만 거래가 없었던 만큼 일단 계약을 성사시키면 틀림없이 커다란 이익을 얻을 수 있다. 그렇기 때문에 영업 사원들은 어렵다는 것을 알면서도 몇 번이고 도전하는 것이다.

그렇다고 해서 **1**이라는 일에만 매달린다면, 어떻게 되겠는가? 틀림없이 일발 역전 홈런을 때릴 수는 있겠지만, 만약 헛치고 만다면 아무것도 얻질 못한다. 그렇다면 비즈니스에 있어서는 실격이다. 회사가 도산한 뒤에는 이미 늦은 것이다.

그렇다고 해서 **2**에만 매달린다면, 어떻게 되겠는가? 그래 가지고는 아무리 시간이 흘러도 할당량을 달성하지 못할 것이다. 그리고 작은 일들에만 매달리기 때문에 성장을 하지 못할 뿐만 아니라, 따분해지기도 한다. 매너리즘에 빠지게 될지도 모른다.

그렇다면 **2**와 같은 일을 많이 해놓은 뒤에 남은 힘으로 **1**에 도전하는 것은 어떨까? 즉 발로 벌 수 있는 일을 함과 동시에, 혹은 발로 벌 수 있는 일을 해놓은 뒤에 집중적으로 **1**과 같이 어려운 일에 도전하는 것이다. 이것은 현실과 이상에 대한 도전의 균형이 잘 잡힌 방법이다. '어른의 일'은 이런 식으로 판단하지 않으면 안 된다.

'하지 않을 일'을 정한다

일을 할 때, 무슨 일이든 전부 받아들여서는 안 된다. 나는 적어도 반 정도는 거절을 하고 있다.

이유는 의욕이 생기질 않기 때문이다. 사실 일을 할 때는 하나의 절대 조건과 두 개의 상대 조건으로 판단해야 한다고 생각한다. 즉 절대 조건이란 '상대와의 궁합'이다. 궁합이 맞지 않는 사람과는 일을 하고 싶지 않다. 경험상 이런 일은 나중에 문제를 일으키게 되기 때문이다.

두 번째는 '무엇인가를 배울 수 있는 일(경력이 되는 일)'이나 '재미있는 일(즐겁고, 돈벌이가 되며, 자극적인 일)'이 아니면 하지 않는다는 것이다. 두 가지 모두 포함된 일이라면 쌍수를 들고 환영이지만, 어느 한쪽 면만 가지고 있는 일이라도 받아들이는 것이다.

즉 재미가 없다 하더라도 배울 것이 있다면 일을 한다. 비록 배울 점은 없다 하더라도 재미가 있다면 레저라고 생각하고 일을 한다는 것이다.

비즈니스맨의 경우 자칫 무슨 일이든 하지 않으면 안 된다고 생각하기 쉽지만, 그렇지 않다고 생각한다. 나의 이 생각은 비즈니스맨 시절부터 조금도 변함이 없었다.

어설픈 사람이나 회사와는 거래를 하지 않았다. 왜냐하면 그럴듯한 말을 미끼로 던지기에 몇 번이고 방문을 해보았지만, 결국에는 이용만 당하고 아무것도 건지지 못했던 적이 몇 번이고 있었기 때문이다. 이런 일이 몇 번 계속되면, 돈을 벌 수 있을까 없을까라는 판단보다는 상대의 인격을 잘 보는 것이 중요하다는 신호가 발해지게 된다.

득실 관계가 얽히게 되면 도중에 올바른 판단을 할 수 없게 되는 만큼 꼭 훈계를 해두고 싶다.

'To Do' 리스트에는 '해야 할 일'만을 기재하게 되는데, 꼭 '하지 않을 일(Not To Do)' 리스트도 방침으로써 알아두기 바란다. 이 일은 절대로 하지 않는다, 라는 것이다. 혹은 이것에만은 절대로 손을 대지 않겠다, 라는 일이라도 상관없다. 거품 경제 시절, 땅값이 하루가 다르게 오를 때 부동산 투자에 절대로 손을 대지 않았던 경영자만이 지금 살아남아 있지 않은가?

'무엇이든 도전하면 되지 않는가?'라는 반론이 나올 법도 하지만, 앞서 이야기한 것처럼 하루는 24시간밖에 되질 않는다.

무엇이든 할 수 있다면 좋겠지만, 버리는 용기도 필요하다고 생각한다.

내가 아는 분 중에 마쓰이 타카시라는 사람이 있다. 그는 리쿠르트에서 수백 명의 부하를 거느리는 사업 부장을 역임한, 사내에서는 '교조(敎祖)'로 불렸던 사람이다. 지금은 엘리트 네트워크라는 회사를 창업하여 활동하고 있는데, 학생 시절의 'Not To Do' 리스트는 '아르바이트를 하지 않는 것'이었다. 그럼 공부를 했는가 하면 그렇지도 않다. 부모님의 양해를 얻어 테니스와 신문부 활동에 몰두했었다고 한다. 사회인이 된 뒤의 'Not To Do' 리스트는 '컴퓨터를 사용하지 않겠다', '영어를 배우지 않겠다'라는 것이었다. 이들을 배울 시간이 있으면 다른 일을 하겠다는 것이다.

아직도 이 두 가지 일에 대해서는 사원들에게 맡겨 놓고 있다. 메일 하나 스스로 보내지 않는다. 이것도 나름대로 훌륭하다 할 수 있겠다.

'이도 저도 다 하기 싫다'고 하는 게으른 사람이라면 말할 가치도 없다. 하지만 시간을 어디에 활용하느냐, 무엇을 선택하고, 어디에 집중시킬 것인가를 결정할 때는 매우 중요한 요건이 된다.

이것도 하고, 저것도 하겠다. 아주 좋다. 하지만 '이것만은 하지 않겠다'고 결정하는 일도 '어른의 일'에서는 중요한 포인트가 되는 것이다.

캐리어를 쌓으면 문제는
간단하게 풀린다

'배우다'라는 말은 모범이 될 만한 것을 보고 흉내를 낸다는 뜻이다.

물론 시대도 다르고 실제로 행하는 사람도 다르기 때문에, 자기 나름대로 다듬고 조정을 해야만 하는 점도 많이 있을 것이라고 생각한다. 하지만 완전한 '내 방식(백지)'에서 출발하기보다는 모범이 될 만한 것을 가공, 개선, 혁신하는 편이 성공하는 데는 훨씬 빠르지 않을까? 말하자면 성공한 사람을 자신의 참모로 삼는 것과 같은 것이다.

비즈니스맨도 이 방법을 응용하면 무엇이든 할 수 있을 것이다. 예를 들어서 전직, 전근, 인사 이동 등으로 예전과는 전혀 다른 일을 하게 되었다고 하자.

당신이라면 과연 어떻게 할 것인가? 전임자에게 물을 것인가? 아니면 내 방식대로 해볼 것인가?

나라면 먼저 모범이 될 만한 사람을 찾겠다. '이 사람 일하는 방법 괜찮은데. 도움이 되겠어'라고 생각되는 방법을 따라하는 것이다. 앞서 영업 사원 시절에 있었던 에피소드를 소개했는데, 내가 사용한 방법은 사내에서 발견한 것이 아니라 사실은 교육 연수 부문에서 일을 하던 때 수많은 톱 영업 사원들의 노하우를 배운 것을 내 나름대로 소화시켜 다듬은 것이었다.

'어떤 분야에서건 선배, 선도자는 필요한 법이다.'

『쓰레즈레구사(徒然草)』

참으로 지당한 말이다.

학교에 다닐 때도 시험에서 응용 문제를 풀기 위해서는 먼저 기본 문제나 비슷한 종류의 문제를 풀어 봐야 했을 것이다.

그 문제와 비슷한 예제를 풀어 본다. '아, 이렇게 하면 풀리는 구나'라며 포인트를 습득한다. 그러고는 상상력을 구사하면 어려운 문제도 쉽게 풀리는 법이다.

일에 있어서도 유사 문제에 도전을 하는 일부터 시작하면 좋을 것이다. 그리고 그 다음부터는 상상력을 발휘하지 않으면 풀 수가 없다. 이 상상력이란 사물을 보는 시각, 사고 방식, 받아들이는 방식에 따라서 얼마든지 떠오르는 법이다. 요컨대 얼마만큼 유사 문제를 풀었는가 하는 캐리어에 따라서 판가름 나는 것이다. 단, 이 캐리어는 오랫동안 근무했다고 해서 축적되는 것은 아니다. 자신의 머리로 얼마만큼 풀었는가 하는 실적이 문제가 되는 것이다.

예를 들어서 하버드 비즈니스 스쿨에서는 2년 동안 2백에서 4백 개나 되는 케이스를 공부하는데, 실제 비즈니스에서는 같은 문제가 두 번 나오는 적은 없다. 하지만 이만큼의 문제를 도마 위에 올려놓고 논의하고 자기 나름대로 해결법을 도출해 내는 훈련을 하게 되면, 실제로 현장에서 문제가 발생한 때라 하더라도 이 '상상력'이 자연스럽게 움직이기 시작한다. 그러면 '여기가 포인트다'라고 하는 줄기를 붙잡을 수 있게 된다. 줄기를 붙잡게 되면 문제는 거의 푼 것이나 마찬가지다.

새로운 일, 어려운 일을 할당받은 사람은 응용 문제와 예외 문제가 나와도 이 상상력을 구사하여 어떻게든 해결책을 이끌어 낼 수 있는 인재일 것이다.

'어른의 일'을 하기 위해서는 하루하루 유사 문제를 풀어서 캐리어를 쌓아야 한다. 어려운 일은 머리의 체조라고 생각하고 시도를 해본다. 그러면 이것이 후에 도움이 된다. 지금 이 문제에서 도망을 친다면 영원히 캐리어로는 남지 않는다. 따라서 도전하여 자신의 재산으로 만들길 바란다.

2

고유 명함의 일을 한다!

<u>세상에는 두 종류의 인간이 있다. '전례가 없으면 움직이지 않는(움직이지 못하는) 사람'과 '전례 그대로 움직이는 사람'이다.</u>

모두 다 중요하기는 하지만, 전례를 참고로 삼아서 거기에 창의적인 생각을 더하는 것이 '어른의 일'이 아닐지.

전례대로라면 지혜가 너무나도 부족하다. 그래 가지고는 시대의 흐름에도 따라갈 수 없을 뿐만 아니라, 조건도 나날이 변하기 때문에 그것에 따라서 유연하게 적응할 필요도 있을 것이다.

누구도 하지 않으니 '안 된다'가 아니라, 누구도 하지 않으니 '찬스가 가득하다'라고 생각한다. 어떤 분야에서나 톱 브랜드는 누구도 개척하지 않은 시장에 과감하게 도전한 개척자다.

렌터카의 허츠, 컴퓨터의 IBM, 소프트 드링크의 코카콜라, 커피의 스타벅스 등은 모두 각 분야에서 처음으로 사업을 전개한 브랜드다. 스카치테이프, 밴드 에이드, 고어텍스, 클리넥스 등은 우리나라에서도 유명한데, 이들은 브랜드 명이 상품의 고유 명사가 되어 버린 예들이다.

마찬가지로 '당신만의 일!'이라고 불리는 고유 명함의 일을 할 수 있어야만 비로소 '어른의 일'인 것이다.

어떤 영업 사원의 지론이 '거절을 당하면 다음 기회를 노려라'라고 한다. 언뜻 '?'를 붙이고 싶겠지만, 사실 그 근거를 확인해 보면 '!(과연 그렇군)'이라며 납득을 할 수 있을 것이다.

아무래도 세일즈의 세계에서는 『영업은 거절당한 순간부터 시작된다』(E. G. 레터만)라는 40년 전의 명저의 영향 때문인지, 몇 번을 거절당해도 계약을 따낼 때까지 몇 번이고 몇 번이고 영업을 하는 수법이 아직도 적잖이 쓰이고 있다.

그의 말에 의하면, 이러한 방법은 '러일 전쟁 때 노기 마레스케(乃木稀典) 대상이 쓰던 전법'이었다. 몇 번이고 되풀이해서 같은 전법을 반복한 덕분에 병사들의 시체가 산더미. '더 이상 통하지 않는다는 사실'이 현실이 되어 눈앞에 펼쳐져 있음에도 불구하고 '전례'를 버리지 않았다. 사고가 정지해 버린 인간에게는 보이지 않는 법이다.

세일즈에서 말하자면 인내력 시험. '졌다'고 말할 때까지 뒤쫓아 다니는 '끈질긴 영업'을 반복하는 것과 같은 것이나. '끈질

긴 영업'은 '열심히 하는 영업'과는 다르다. 물론 열심히 하는
영업이야말로 '어른의 일'이다.

열심히 하는 영업은 파는 방법을 수시로 바꾼다. 즉 같은 말을
하지 않는다. 상대에게 이점이 될 만한 점을 다른 각도에서 제안
한다. 상품(서비스)조차도 다른 것을 제안한다. 영업 대상을 바꾸
는 등 그때그때 상황에 따라서 움직이는 것이다.

18

거절당하면 다음, 그 다음을 노려라!

끈질긴 영업 사원의 중심에 놓여 있는 생각은 '우물을 파도 한 우물을 파라'다. 혹은 '물방울이 돌을 뚫는다'일지도 모르겠다.

어쨌든 계속해서 하면 언젠가는 반드시 성공할 수 있다는 것이다.

하지만 한편으로는 '좋은 말도 세 번 들으면 화를 낸다'는 말도 있다.

"그것은 통하지 않아. 생각을 바꿔야 하네."

따라서 열심히 하는 영업 사원은 방법을 바꾼다. 고객조차도 바꾼다. 목적은 목표량 달성에 있는 것이기 때문에, 언제까지고 한 고객에게만 매달려 있을 필요는 없다.

'거절을 당하면 다음 기회를 노려라!'

캘리포니아에 '천재적인 신문 확장원'이라고 불리던 사람이 있었다.

미국에서는 우리나라에서와는 달리 전화로 신문을 권유하는데, 차례차례로 전화를 걸다가 어떤 한 가지 사실을 깨닫게 되었다고 한다. 바로 계약을 해주는 사람은 극히 최근에 이사를 온 사람, 혹은 어떤 이유로 지금 구독하고 있는 신문을 바꿔야겠다고 생각하고 있는 사람에 한정되어 있다는 사실이다. 반대로 신문 같은 것을 보지 않는 사람도 있다. 그런 사람들에게는 아무리 설득을 해도 소용없는 일. 온갖 화술을 동원하여 이야기해 보아도 어차피 시간만 낭비하게 될 뿐이다.

그는 구독할지 안 할지는 10초만 이야기를 해보면 알 수 있다고 한다. 구독할 가능성이 있는 사람은 '됐어. 필요 없어'라고 딱 잘라 거절하지 않는다. '응? 무슨 신문?'이라며 내용에 관심을 갖는다. 이 패턴(법칙)을 깨닫기만 한다면 쓸데없는 행동은 하지 않게 된다. 처음 10초 동안에 모든 정신을 집중시켜서 상대방의 관심을 읽어 낸다.

'이건 안 되겠다. 가능성이 없어.'

이렇게 생각되면 바로 이야기를 마치고 다음으로 넘어간다. 이 방법을 사용하자 지금까지의 헛수고가 단번에 줄어들게 되었다. 당연히 이전까지와는 비교할 수 없을 정도로 시간을 유효하게 사용할 수 있게 되었다. 하루에 15군데밖에 전화를 걸지 못했었는데, 적어도 그것의 두 배, 잘만 하면 3~4배까지도 전화를 걸 수 있게 되었다. 그 결과, 다른 사람과는 비교할 수도 없을 정도의 성과를 얻을 수 있었다.

이 천재 신문 확장원은 30대 초반에, 단 5년 만에 백억 엔 기업(버진 시네마 재팬)을 일으킨 야마모토 마크 쓰요시 씨였다.

어부는 물고기를 많이 잡을 수 있는 어장인지 아닌지를 순간적으로 판단한다. 장비가 없어도 갈매기의 움직임을 보고 물고기 떼가 어디 있는지를 가늠한다. 그리고 실제로 그물을 몇 번 던져 본다. 그래서 잡히지 않으면 바로 다른 곳을 찾아 떠난다. 망설이지 말고 순간적으로 결정해서 순간적으로 움직이지 않으면 물고기는 사라져 버리기 때문이다. 미련 같은 것은 두지 않는나. 포기는 천금이다. 그야말로 '어른의 일'이다.

오직 한 명의 잠정 고객에게 집착하다 보면, 제아무리 시간이 있어도 결국은 부족해지게 된다. 고객은 주위에 얼마든지 있다. 어차피 전화를 받은 사람이 고객(잠정 고객)이 되는 것이니, 얼마든지 찾아낼 수 있을 것이다.

머리를 이렇게 쓰면
'어른의 일'을 할 수 있다

이상하게도 영업 사원이라는 사람들 중에는 사주기 전까지는 몇 번이고 고객이 있는 곳을 뻔질나게 찾아다니면서도, '판 다음'에는 두 번 다시 방문을 하지 않는 사람들이 적지 않다.

아니 대부분이 그렇다고 해도 과언은 아닐 것이다.

예를 들어서 나는 지금까지 열 번 이상 자동차를 바꿨지만, 그때마다 영업 사원이 달랐다.

자동차는 3년이 지나면 검사를 받아야 한다. '새 차니까 3년 동안은 문제없이 탈 수 있다'고 생각하고 있는 듯하다. 그런데 자동차 검사 때가 다가오면 안내 메일이 그 영업 사원의 이름으로 날아들고 전화도 걸려온다.

이런 식이다. 나는 학교에 다닐 때부터 자동차를 좋아했기 때문에 길어야 4년, 대체로 2년 반만에 새 차로 바꿔 버린다.

왜 처음 방문할 때, 혹은 계약을 할 때 '이 고객의 구매 간격은 어느 정도일까?'를 생각하지 않는 것일까?

세일즈는 '원 투 원 마케팅(원래는 원 포 원 마케팅)'이 아닌가? 한 사람 한 사람에 대한 정보를 꼼꼼하게 파악하고, 그것을 컴퓨터에 입력해 둔다. 이것만으로도 성과는 오를 것이다. 그런데 그것을 하지 않는다. 따라서 팔리지 않는다. 팔리지 않기 때문에 한 명의 고객에게 집착한다. 간신히 만날 약속을 했으니 절대로 놓치시 않겠다는 생각이다.

이런 엉터리 영업 사원과 비교해 보자면 정상급 영업 사원의 일하는 모습은 참으로 뛰어나다.

어떤 점이 뛰어난가 하면 일이 즐겁게 보인다. 실제로 즐거워하고 있는 것처럼 보인다. 왜냐하면 방문을 하면 고객으로부터 환대를 받기 때문이다. 물론 약속도 하질 않는다.

어째서일까?

한 번 맺은 인연을 최대한으로 펼쳐 나가기 때문이다. 구체적으로 말하자면 '소개 세일즈'를 하고 있기 때문이다.

무턱대고 찾아가서 새로이 고객을 만들어 내는 것이 얼마나 시간이 걸리고 손이 많이 가는 일인지를 생각해 보기 바란다. 만날 약속을 하기 위해서 앞서 말한 천재 신문 확장원처럼 백 통, 이백 통 정신 없이 전화를 한다 한들, 그중에서 얼마나 약속을 할 수 있겠는가?

하지만 소개 세일즈라면 아주 간단하다.

"소개해 준 곳과 약속을 하고 싶다고? 알았어. 당장 전화를 해주지."라며 고객이 대신해서 전화를 해주는 경우도 적지 않다.

"내 이름을 대게나. ○○씨의 소개로 왔다고 말하면 만나줄 걸세."

"자네에 대해서 미리 말해 두겠네."

어떤가? 이렇게만 된다면 매일 몇 백 통씩 전화를 할 필요도 없으며 그 때문에 스트레스를 받을 일도 없고, '이 사람이라면 사줄 걸세'라며 고객을 선별해 주는 것이니 성공 확률도 훨씬 높아질 것이다.

즉 매우 편한 것이다.

"어서 와요. ○○씨한테서 얘기 들었어요."

안내 데스크도 가볍게 통과다. 환대를 받는다는 것은 이런 의미다. '소개 세일즈 할 만한데'라고 느끼게 되면, 어리석은 헛수고는 하기가 싫어지게 될 것이다.

줄줄이 팬을 늘리는 방법은 이것!

소개 세일즈를 전개하다 보면 한 번에 대량으로 주문해 줄 것으로 예상되는 유력자, 유력 법인과도 만나게 될 것이다.

하시반 근본은 일 대 일의 인간 관계를 쌓아가는 데서 시작하는 것이다.

자신이 세일즈한 상대라면 어떤 상대라도 두 번이고 세 번이고 방문을 해야 한다. 새로운 고객을 방문하기보다는 서로의 마음을 아는 사이기 때문에 훨씬 더 방문하기 쉽지 않겠는가?

그때 '어디 새로 소개시켜 줄 만한 분 안 계십니까?'라고 직접적으로 부탁을 해보면 어떨지? 한 명의 고객으로부터 넝쿨처럼 퍼져 나간지도 모르는 일 아니겠는가? '어른의 일'을 할 생각이라면 이 정도도 못해서야 되겠는가? 호소하지 않으면 상대에게는 전달되지 않는다. 어쨌든 상대에게 부탁을 해본다.

'이런 부탁을 하면 싫어하지 않을까?'

'뻔뻔스런 녀석이라고 생각할지도 모르는데.'

'하지만 목표량까지 아직 멀었으니까 이번에는 어쩔 수 없다. 한 번 부탁해 보자.'

그러자 '아, 그러지'라는 싱거운 답변. 이럴 줄 알았다면 좀더 빨리 부탁할 걸 그랬다고 생각한다.

쓸데없는 걱정 때문에 가능성의 싹을 짓밟아서는 안 된다. 거절할 것인가 승낙할 것인가, 그것을 결정할 권리는 영업 사원이 아닌 고객이 가지고 있는 것이다. 그것을 제멋대로 결정해서는 안 된다.

즐겁고 효과적인 방법과 어렵고 효과적이지 못한 방법, 어느 쪽이 득이 되는지를 잘 생각해 볼 필요가 있다.

"어디 새로 소개시켜 줄 만한 분 안 계십니까?"

영업 사원이라면 이 말을 입버릇처럼 해야 할 것이다. 그렇게 하면 매출액이 30%는 증가하게 될 것이다.

영업 사원은 기본적으로 '단골과 거래'를 하지 않으면 안 된다. '제안 영업'이다, '컨설팅 세일즈'다 멋진 말들을 늘어놓지만, 무엇보다도 거래처에 몇 번이고 발걸음을 옮기는 것이 기본이다. 그렇게 하지 않는데 제안이나 컨설팅이 가능할 리가 없다.

심리학자 자이언스의 '단순 접촉의 원리'에 의하면, 인간은 첫 대면 때보다 두 번, 세 번 얼굴을 마주 대하게 될수록 그 사람에 대한 호감도가 향상된다고 한다. 세일즈는 듣도 보도 못한 타인에서부터 시작한다. 바로 그렇기 때문에 자이언스의 원리를 철저하게 활용하여 기회가 있을 때마다 접촉의 횟수를 늘리는 것이 중요하다. 그렇게 하면 확실하게 매출액이 증가한다.

매출액이 하향 곡선을 그리고 있던 회사에 대한 컨설팅으로 순식간에 업적을 회복한 경우가 있다.

간단한 일이었다. 영업 사원뿐만 아니라 사장 이하 경리부, 총무부에 이르기까지 모든 사원이 지금까지의 거래처를 차례차례로 방문하는 것이었다. 그랬더니 거기서 대체 뭐라고 했을까?

"오랜만이군. 어쩐 일이지?"

"요즘 주문이 없는 것 같아서."

"누가 찾아와야 말이지. 전화 한 통 없고. 그래서 ○○사에 주문을 하고 있다네."

"?"

"마침 잘 왔네. ○○사에 주문하려고 했던 상품인데, 그쪽에다 주문하겠네."

"감사합니다."

이렇게 된 것이다. 제아무리 인터넷 시대라 하더라도 '잠깐 얼굴을 내미는 일'은 매우 중요한 일이다. 이것을 아셨을 것이다.

메일 매거진이나 다이렉트 메일에 그치지 말고, 날을 정해서 '오늘은 아침부터 가능한 한 많이 단골 거래처를 돌겠다!'고 생각하고 차례차례로 얼굴을 내밀어 보는 것은 어떨까? 틀림없이 효과가 있을 것이다.

철저하게 인연을 넓혀 본다!

<u>단 한 번의 만남으로 상대를 나의 팬으로 만들어 버린다.</u>

만약 그런 꿈과 같은 얘기를 실현할 수 있다면, 어떤 일이라도 만사형통일 것임에 틀림없다.

친구 중에 큰 보험 회사에서 근무하는 영업 사원이 있는데, 그는 그야말로 단번에 고객을 사로잡는 특기를 가지고 있다.

그의 특기는 마술이다. 이미 5년이라는 경력을 가지고 있으며 유명한 미스터 매직 씨와도 흉허물 없이 지내는 사이로, 마술 DVD에 출연했을 정도의 실력을 가지고 있다. 하지만 원래는 마술을 하겠다는 생각은 조금도 가지고 있지 않았다. 누구보다도 남의 뒷바라지하기를 좋아하여 결혼 피로연의 사회를 봐달라

는 부탁을 여기저기서 받았다. 사내에서는 물론, 대학 시절 친구
들에서부터 단골 거래처에 이르기까지 만남의 폭이 넓어질수록
부탁은 늘어만 갔다. 식장에서는 사람들이 프로 사회자로 착각
을 하는 경우도 있을 정도였다.

하지만 몇 번이고 계속하다 보니, 그도 싫증이 났다.

"사회는 젊은 사람에게 맡기자. 나는 이제 그만 손뗄래."

"그럼 당일 한마디만, 재미있는 축하의 말씀을 부탁드리겠습
니다."

어찌 됐건 사람들 앞에 서게 되었다. 하지만 피로연에서 남의
말을 듣고 있는 사람은 거의 없었다. 그래서 문득 떠오른 생각이
'미끼'로 마술을 사용하자는 것이었다.

그는 마이크 앞에 섬과 동시에 천천히 가슴 안쪽 주머니에서
손수건을 꺼내 휙 공중으로 던졌다. 그러면 수건은 만국기나 깃
발로 변했다.

"앗!"

"뭐야, 뭐야?"

회장은 물을 끼얹은 것처럼 조용해졌고, 그런 다음 그는 천천
히 이야기를 시작했다.

이야기의 내용은 기억하지 못한다 하더라도, 어쨌든 '저 사람
재밌네', '그 마술 재밌었어'라는 인상만은 남게 된다.

처음에는 백화점에서 마술 세트를 사서 연습했다고 한다. 그
러는 동안 사람들에게 인정을 받게 되었다. 반응이 있으면 즐거

워진다. 이번에는 어떤 마술로 사람들을 놀라게 해줄지를 생각하게 됐다. 이렇게 되자 판매되고 있는 세트만으로는 부족함을 느꼈다. 그래서 문화 강좌에 다니면서 프로의 지도를 받았다. 뿐만 아니라 프로 마술사들이 공부하고 있는 업계 단체에 가입, 더욱 기술을 연마했다.

일 년에 20~30만 엔 정도를 투자하고 있지만, 이는 가볍게 회수해 버린다. 이벤트가 있을 때면 언제나 여흥을 돋우기 위한 무대에 초대를 받고 있기 때문이다. 단, 낮에는 일로 바쁘기 때문에 주로 주말에 활동을 한다. 물론 단골 거래처의 망년회나 신년회에서는 서로 데려가려고 아우성이다.

이것이 본업에도 크게 도움을 주고 있다. 왜냐하면 사람들이 모이는 곳에 비즈니스가 있기 때문이다. 예를 들어서 상공 회의소의 모임에서 여흥으로 마술을 보여주면, 우레와 같은 박수를 받는다. 후에 명함을 건네주면 깜짝 놀란다.

"어? 보험 회사? 프로 아니였어? 다음에 시간 있으면 자산 운용에 대해서 상담을 좀 해줄 수 있겠나?"
"기꺼이 찾아뵙겠습니다."

재미있는 말을 섞어가며 마술을 선보인다. 이것만으로도 '특별 취급'을 받게 되는 것이다.
'이 사람 재미있는데. 보통 영업 사원이 아니야. 이런 사람이라면 신용할 수 있지. 독특한 아이디어도 가지고 있을 거야'라며 경계심을 풀고 '환영입니다'라는 자세를 취하게 된다.

보통 영업 사원이 방문 판매를 하게 되면 문조차도 제대로 열어주지 않는다. 하지만 마술을 보여주는 것만으로도 상대는 마음을 열어준다. 그리고 수많은 고객을 모아준다. 이렇게 하면 섣불리 뛰어드는 것보다 훨씬 더 커다란 효과를 얻을 수 있다.

'어른의 일'은 상품(서비스)이 아니라 당신 자신을 파는 것이다. 친구처럼 '재주가 몸을 먹여 살린다'는 말을 신조로, 단번에 팬으로 만들어 버리는 방법도 그야말로 '어른의 일'이라고 할 수 있다.

남이 하지 않는 일을 하라

<u>조그만 창의적인 생각으로 매출액을 향상시키고 있는 사람도 적지 않다.</u>

오에도온센 모노가타리(大江戸溫泉物語)와 깅카코겐 맥주 등을 창업한 나카무라 이사오(中村功) 씨(히가시니혼 하우스 회장)도 젊었을 때, 조금 독특한 세일즈로 고객의 마음을 단번에 사로잡았다.

이제 막 창업을 했기 때문에 회사의 신용도가 낮았으며, 자금도 없었고 인맥도 없었다. 아무것도 가진 것이 없는 사내가 취한 방법은 그리 대단할 것도 없는 방법이었다. 고객과 약속을 할 때 '5시'가 아니라 '5시 3분', '8시 10분'이 아니라 '8시 12분'과 같이 애매한 시간을 댄 것이었다.

어째서 이런 어정쩡한 시간을 설정한 것일까?

얼마 전에 킹카코겐 맥주의 사장실에서 만나 이 일에 대해서 물었더니, 이렇게 답하는 것이었다. 이런 어정쩡한 시간에 정확하게 맞춰서 방문함으로써 상대에게 확실하게 '저 사람 신뢰할 수 있는 사람이다', '약속을 잘 지키는 사람이다'라는 인상을 심어 주려 했다는 것이다.

그렇다면 어째서 이런 행동을 한 것이었을까?

그는 지난날 이데미츠(出光) 석유의 톱 영업 사원으로서 명성을 날리던 인물이었지만, 이데미츠에서는 이런 방법을 쓰지 않았다. 왜냐하면 회사의 신용도가 높았기 때문이다. 하지만 사업을 이제 막 시작하여 자금도 없을 뿐만 아니라, 신용도도 높질 않았다. 타고난 근성과 설득력, 서비스 정신으로 상대의 마음을 사로잡는 것까지는 좋았다. 그런데 막상 계약을 하려고 하면 마지막 단계에서 무산되었다.

"당신 모리오카(盛岡) 출신 아니지?" (히가시니혼 하우스는 모리오카에서 사업을 시작했다.)

"회사 생긴 지 아직 일 년도 지나지 않았잖아?"

"선금을 받고 싶다니, 무슨 소리지?"

쉽게 말하자면 고객들은 역사도 없고, 인맥도 없으며, 돈도 없는 사내의 회사와 계약을 맺었다가 그대로 잠적해 버리면 어쩌나 하고 걱정을 했던 것이다. 그래서 언제나 계약 직전에 무산되어 버리고 마는 것이었다.

그렇다면 처음부터 이 사실을 밝히자. 그 대신 절대로 신뢰를 저버리지 않겠다는 사실을 상대에게 전달하자. 하지만 도대체 어떻게 하면 된단 말인가?

'그래, 시간이다. 가난한 사람에게도 부자에게도 하루는 24시간. 약속 시간을 정확하게 지켜서 성실함, 신용도를 쌓아 가는 수밖에 없다.'

생각해 보면 약속 시간에 늦지만 않으면 된다는 얘기일 뿐이다. 하지만 그것에 의지할 수밖에 없었을 것이다.

"5시 3분에 찾아뵙겠습니다."

"8시 12분에 틀림없이 찾아뵙겠습니다."

처음 약속을 하는 고객은 '응?' 하고 이상하다는 표정을 짓는다. 두 번째에는 '아!' 하며 감탄한다. 그리고 세 번째쯤 되면 '왜지?'라며 그 이유를 묻고 싶어진다. 드디어 사실을 전달할 찬스가 온 것이다.

"사업을 시작한 지 아직 일 년도 지나지 않았습니다. 자금도 없고, 실적도 없습니다. 모리오카 출신도 아니기 때문에 인맥도 없습니다. 하지만 고객과의 약속은 절대로 어기지 않습니다. 이 사실을 전달하기 위해서는 아무리 작은 약속이라도 철저하게 지킨다는 자세를 보여드리지 않으면 안 됩니다. 저로서는 약속을 지키는 것으로밖에 그것을 호소할 길이 없습니다."

"자금이 없어서 건축 자재를 살 수 없습니다. 선불을 부탁드리겠습니다."

한 번은 이와테(岩手) 현의 고위층에 고객이 생겼다. 그의 자세를 보고는 "자네는 클걸세. 그리고 회사도 반드시 클걸세. 지금 주식을 사두어야겠어."라고 농담처럼 말을 했다고 한다. 물론 말할 것도 없이 나카무라 씨의 응원단이 되어 주었다.

히가시니혼 하우스도 깅카코겐 맥주도 전혀 대출을 받지 않고 경영을 했다. 일본 기업으로서는 참으로 드문 예다. 하지만 이것도 우연이 아니라 필연적인 결과인 것이다.

"은행에서 돈을 빌려 주지 않았어요. 돈도 없고, 백도 없고, 신용도 없었으니까요. 빌려 주지 않으니, 스스로 모을 수밖에 없었죠. 어쩔 수 없이 조금씩 이익을 모아두었어요. 그것이 쌓여서 지금은 대출 없이 경영을 한다고 칭찬을 듣게 되었죠. 하지만 사실은 빌리고 싶어도 빌려 주질 않았던 거예요."

어음 같은 것은 끊어 준 적도 없으며, 받은 적도 없었다. 왜? 사실은 어음을 건네 주고 싶었지만, 누구도 그걸 받아 주지 않았기 때문에 건네 줄 수가 없었다. 돈이 없었기 때문에 상대의 어음도 받을 수가 없었다. 그래서 결국 어음 거래가 전혀 없이 언제나 현금으로 거래하게 된 것이다.

'남이 하지 않는 것을 해라!'라며 대담하게 살아온 것이 아니다. 하고 싶어도 할 수 없었던 것이다. 하는 수 없이 열심히 일을 해온 것일 뿐이다. 그것이 지금, 성공을 거두게 된 계기가 되었던 것에 지나지 않는다.

대기업이 끼어들지 못할 일을 노려라

비즈니스 세계는 약육강식의 정글이다.

'이거 재미 좀 보겠다' 싶으면 하이에나는 물론 매머드와 같은 거대 자본이 한꺼번에 몰려드는 것은 흔히 볼 수 있는 일이다. 편의점, 택배, 백 엔 숍에도 눈 깜빡할 사이에 아류가 출현하게 되었다.

진지한 고민 없이 같은 사업 모델을 사용하여 몇 십 배나 되는 자금력, 조직력, 그리고 신용력을 전부 동원하여 덤벼드니, 맞서 싸우는 상대는 견뎌 내기가 힘들다.

하지만 이런 매머드와의 싸움에는 그에 걸맞는 전술이 있는 법이다.

예를 늘어서 추오카가쿠(中央化學)라는 회사가 있다. 잘 알려진

이름은 아니다. 이 회사의 주력 상품은 '양념병'이라고 불리는, 슈퍼나 편의점에서 팔고 있는 도시락 속에 반투명한 플라스틱으로 된 간장이나 소스를 넣어 둔 용기가 있는데, 바로 그것이다. 그 외에도 포장 회덮밥용 상자 등도 개발을 했다.

독특한 부가 가치는, 태워도 다이옥신이 발생하지 않는다는 점, 전자레인지에 넣어도 될 만큼 내열 강화된 소재라는 두 가지 점이다. 편의점 도시락이 크게 히트를 할 수 있었던 것은 이와 같은 숨은 베스트셀러가 있었기 때문이다.

그런데 이처럼 뛰어난 기술이 뒷받침된 상품도 처음에는 팔리질 않았다. 그래도 좌절하지 않고 이 기술을 특화시켰다. 그 이유는 절대로 대기업이 참여할 염려가 없었기 때문이었다.

왜 대기업이 참여하지 않을까?

이유는 매우 당연한 것이었다. 메리트가 전혀 없기 때문이다. 메리트보다는 디메리트가 훨씬 더 컸다. 그래서는 재미를 볼 수가 없다. 비즈니스는 취미 활동이 아니기 때문에 손해를 각오하면서까지 도전할 리가 없었던 것이다.

디메리트란 무엇인가?

우선 판매처가 소규모라는 점. 마치 '모세 혈관' 같아서 경비만 들 뿐이다. 세일즈가 번거롭고 귀찮다. 사내에서도 '모세 혈관 판매'라고 불려지고 있다고 한다. 수많은 단골 거래처로부터 주문을 받다 보니, 용기의 디자인은 금붕어, 돼지, 표주박 등 드디어는 수백 종으로 불어나게 되었다. 다품종 대량 제조. 하지만 판매처는 그물의 눈처럼 영세하다.

　비록 조그맣고 영세한 단골 고객이라 할지라도 그것이 많이 모이면 동맥처럼 굵어진다. 그것이 중소 기업이 노리는 점이다. 덕분에 40년 동안 시장 독점, 지금은 매출액 850억 엔이라는 조그만 대기업이 되었다.

'평범한 정답'보다는
'비범한 오답'에 가치가 있다

일과 학생 시절의 공통점은 양쪽 모두 정답을 많이 맞힌 사람이 높이 평가를 받는다는 점이다.

일에서는 문제를 얼마나 해결할 수 있는가를 평가하기 때문에, 학생 시절과 마찬가지로 문제를 많이 푼 사람이 높은 평가를 받으며 그 결과로 승진·승격하고, 문제를 풀지 못한 사람은 낮은 평가를 받아 까딱 잘못하다가는 무능하다는 낙인까지 찍혀버리게 된다.

일과 시험의 가장 큰 차이점. 그것은 시험에는 정답이 하나밖에 없지만, 일의 경우에는 수많은 정답이 있다는 점이다. 100점 만점을 받는 일이 있는가 하면, 200점을 받는 일도 있는 것이다. 물론 50점밖에 받지 못하는 일이 있는가 하면, 0점을 받는 경우가 있을지도 모른다.

즉 시험에서는 정답 이외에는 모든 것이 오답이 되어 버리지만, 일에 있어서는 정답 이외에도 '더 정확한 답', '깜짝 놀랄 정도의 정답'이 있는 경우도 종종 있다는 말이다.

그렇다면 어떻게 해야 '더 정확한 답', '깜짝 놀랄 정도의 정답'을 이끌어 낼 수 있을 것인가? '평범한 정답'에 만족하지 않고 '비범한 오답'을 깊이 파헤쳐 생각할 수 있는가 없는가? 바로 여기에 달려 있다고 생각한다.

예를 들어서 빅카메라라는 회사가 있다. 매출액 4천 3백억 엔(2003년도 8월, 그룹 합산), 사원 수 3천 명이나 되는 초우량 기업이다. 일본 경제 신문사의 '기업 이미지 조사 – 활기 찬 회사 랭킹'에서 유력 기업 1,200개 회사 중 3년 연속 1위에 선정된 활기 넘치는 회사다.

'30%, 40% 할인은 기본!'이라고 적힌 붉은 색 옷을 입고 있는 군단을 인솔하고 있는 것은 아라이 타카시(新井隆司) 씨인네, 그의 경영 빙법은 '비범힌 오답'을 철지하게 피헤쳐 '깜짝 놀랄 정도의 정답'을 손에 넣은 듯한 인상을 준다.

그것을 상징하는 사건이 있다.

빅카메라의 한 임원 앞으로 전화가 한 통 걸려 왔다. 전화를 건 사람은 이케부쿠로(池袋) 경찰서.

'당신네들 가게 앞에 사람들이 구름 떼처럼 모여 있으니, 어떻게 좀 해줘요!'

　놀랍게도 본점 입구 앞에 젊은이들을 중심으로 한 수많은 고객들이 장산진을 이루고 있었던 것이다. 시간은 심야였고, 그것도 춥디추운 2월의 일이었다. 빅카메라 개점 시간은 오전 10시다.

　도대체 무슨 일이 있었던 것일까?

눈앞의 이익에 연연하지 않기에
많이 벌 수 있다!

사실은 가정용 게임기의 최고 인기 소프트웨어가 다음날 전국적으로 발매되기로 되어 있었다.

전국적으로 매진될 것이 틀림없었다. 팬들로서는 쟁탈전. 이렇게 되자 빅카메라라면 당연히 물건을 대량으로 확보하고 있을 것이라고 생각한 사람들이 자연스럽게 몰려든 것이었다. 그래서 결국은 경찰까지 개입하게 되는 소동이 벌어지게 된 것이다.

늘어선 고객들은 대략 만 명 이상. 경찰에 의하면, 줄은 본점이 있는 이케부쿠로 역 기타구치(北口)에서부터 고코쿠지(護國寺) 역까지 이어졌다가 거기서 꺾어져 다시 돌아왔다고 하니, 대략 1.6km에 이른다.

전화를 받은 임원은 즉각 종업원에게 명하여 커피와 일회용

주머니 난로를 준비하도록 했다. 주머니 난로는 매장에 있었고, 커피는 이른 아침부터 영업을 하는 햄버거 가게에 부탁해서 준비했다. 그것을 종업원이 전부 나서서 차가운 겨울 하늘 밑에 줄지어 서 있는 고객 한 사람 한 사람에게 나눠 주었다.

　'줄을 서는 것은 손님들의 자유다. 도로만 막지 않는다면 우리로서는 손해 볼 것이 없다.'

　이렇게 생각하는 것이 일반적이다. 그리고 매장에서 팔고 있는 상품인 주머니 난로와 커피를 건네는 등의 경비가 드는 일은 절대로 하지 않을 것이다. 경비를 지출하면, 박리다매로 장사를 하고 있는 만큼 까딱하다가는 모처럼 만에 벌어들인 돈까지 날려 버릴지도 모르지 않는가? 하지만 이 회사는 손해 볼 것을 각오하고 그런 일을 해치웠다.

　그뿐만이 아니다. 최고 인기 상품인 만큼 천하의 빅카메라도 물량 확보에 고전을 면치 못하고 있었다. 이와는 반대로 제조 회사로서는 천재일우의 기회를 맞이하게 되었다. 이것을 기회로 팔리지 않고 남아 있던 소프트웨어를 함께 묶어서 팔자는 계획을 세웠다. 그렇게 하면 가격도 올릴 수 있으며, 재고 상품도 처치할 수 있었기 때문에 일거양득이었다. 실제로 대부분의 판매 회사가 팔리지 않는 소프트웨어와 함께 묶어서 이를 판매했다.

　하지만 이것도 거절. 고고하게 묶어 팔기를 일부러 배제하고

'30%, 40% 할인은 기본!' 이라는 문구대로 판매를 했다.

가령 정가대로 팔았다 해도 틀림없이 날개 돋친 듯이 팔렸을 것이다. 물론 제조 업체에서는 묶어 팔기로 되어 있는 상품에 대한 대금까지 청구를 해왔다. 당시 장사진을 이뤘던 사람들은 당연히 이런 뒷얘기 같은 것은 알지도 못했겠지만, 빅카메라는 이 최고 인기 상품을 2중, 3중의 손해를 봐가면서 판매를 했던 것이다.

당시 그에게 손해 볼 것을 알면서도 이런 결단을 내리게 한 동기는 무엇이었을까?

'할인점으로 성공을 하기 위한 비결은 어디에 있는가?' 라고 묻자, 그는 이렇게 대답했다.

"처음에 물건을 들여올 때는 다른 점포와 마찬가지로 보통 가격에 들여와도 상관없습니다. 그것을 이윤을 거의 붙이지 않고 파는 겁니다. 그러면 싸니까 손님들이 매장을 찾아 줍니다. 손님들이 노와주기만 한나면, 내량으로 물건을 들여올 수 있기 때문에 싼값에 들여올 수 있게 되어 지금과 매출액이 균형 있게 돌아가게 됩니다."

키포인트는, 우선 자신의 이익을 줄이는 것. 괴롭더라도 한발 앞서 투자를 하는 것이라고 생각하고 버틴다. 먼저 고객을 우리 편으로 만든 뒤에 승부를 건다. 이것이 '비범한 오답' 이다. '천재일우의 기회 도래!' 라고 생각하는 것은 '평범한 정답' 에 지나지 않는다.

만약 빅카메라가 정가로, 그것도 인기가 없는 소프트웨어와 함께 묶어서 팔았다면, 어떻게 됐을까? 틀림없이 고객들은 자신들의 약점을 이용하여 큰돈을 벌고 있다고 생각하고 곧 반발심이 생겨서 멀어져 갔을 것이다.

'어른의 일'은 눈앞의 이익에 연연하지 않고 신용을 쌓는 것. 개인과 법인, 브랜드 모두를 가장 중요하게 여기는 것이 중요한 것이다.

26

'보이는 이익'보다 '보이지 않는
손실'을 깨닫고 있는가!

<u>영업 사원의 경우, 이익보다도 눈앞의 매출액을 더욱 중요하게 여기고 있는 사람들이 적지 않다.</u>

100이라는 매출액을 확보하기 위해서 110이라는 경비를 사용해도 아무렇지도 않다는 표정을 짓고 있다. 매출액이 조금이라도 향상되면 자신도 모르게 그쪽을 먼저 생각해 버리게 된다.

이것은 매출과 입품 사이의 관계에서도 마찬가지다. 예를 들어서 어떤 상품이 80개밖에 팔리지 않는다 하더라도 100개 정도를 들여오려고 한다. 80개밖에 재고가 없으면 80개밖에 팔지 못한다. 만약 90개를 팔 수 있는 상황이라면 손해를 봐야 하기 때문이다.

'나머지 10개는 물건이 들어오면 다시 보내드릴 테니, 그렇게 해주십시오'라고 말해 봐야 고객은 기다려 주지 않을 것이다. 이러한 손실을 '판매 찬스 손실'이라고 한다.

만약 100개가 있다면 100개까지는 판매를 할 수 있다. 그렇기 때문에 80개밖에 팔리지 않음에도 불구하고 언제나 100개를 들여와 준비를 해두는 것이다.

일에서나 비즈니스에서나, 혹은 인간 관계에서도 사물을 볼 때는 반드시 복안(複眼)으로 봐야만 한다. 왜냐하면 사물에는 반드시 겉과 속, 다시 말하자면 'Visible factor', 'Invisible factor'가 있기 때문이다. 눈에 보이는 것, 눈에 보이지 않는 것.

구체적으로 설명해 보자.

언제나 80개밖에 팔리지 않는데 100개씩 들여오면, 늘 20개씩 남게 된다. 이것은 손해다. 반품할 수 있다면 남아도 상관없겠지만, 그런 상품은 거의 없다. 그렇다면 딱 80개만 들여오면 되겠지만, '만약 100개짜리 주문이 들어오면 팔지를 못한다', '판매 찬스 손실이 발생하면 안 된다'라며 언제나 20개씩 많이 들여와 버리게 된다.

그런데 문제는 지금부터다. 틀림없이 '판매 찬스 손실'은 면하고 있다. 하지만 이것은 'Visible factor'이다. 또 다른 하나인 'Invisible factor'에 주목하기 바란다.

즉 '언제나 20개가 남는다'는 문제다. 이 리스크에는 사실 3가지의 손실이 포함되어 있는 것이다. 즉 '재고 손실', '가격 손실', '폐기 손실'이다.

　'재고 손실'이란, 20개의 재고를 계속 관리하는 데 따르는 경비를 말하는 것이다. 예를 들어서 창고료, 운반비, 인건비 등, 20개의 재고가 없다면 이런 것은 필요하지 않다. 하지만 재고가 있는 한은 언제나 따라다닌다. 이것은 손실이다.

없기 때문에 더욱 가치가 향상된다!

<u>두 번째인 '가격 손실'이란, 재고가 팔리지 않았을 때 발생하는 손실을 말한다.</u>

예를 들어서 바겐세일 등이 바로 그것이다. 의류에는 유행이 있으며, 식료품은 오래 가지 못한다. 이런 재고들은 언제까지고 쌓아 둘 수가 없다. 그래서 어쩔 수 없이 포기를 하고 처분을 하기 위해서 차선책으로 바겐세일을 실시하는 것이다.

이때 가격은 어떻게 되는가? 정가로 판매를 하는가?

아니 절대로 그렇게는 하지 않는다. 정상적인 방법으로는 팔리지 않기 때문에 소란을 피우고 있는 것이다. 당연히 30%, 40% 할인은 기본. '가져가라 이 도둑놈들아! 정가의 10분의 1이다!'라며 거의 공짜로 파는 경우도 있을 것이다. 재고 손실이 발생했으며, 거기에 가격 손실까지 생기게 되는 것이다.

세 번째 손실은 '폐기 손실'이다. 현대는 쓰레기조차도 돈을 내지 않으면 처분하지 못하는 시대다.

버릴 때조차도 경비가 들어가는 것이다. 최후의 순간까지 경비가 들어가게 된다. 그것이 재고의 숙명이다.

20개의 재고에는 언제나 이들 세 종류의 손실이 따라다니게 된다는 사실을 언제나 머릿속에 새겨두지 않으면 안 된다.

'재고의 손실이라니, 그런 쓸데없는 일은 하고 싶지 않다.'

'전부 소극적인 일들뿐이잖아!'

만약 당신이 이렇게 생각했다면, 그것은 정답이다.

'어른의 일'은 쓸데없는 일은 하지 않는 것이 원칙. 간소한 것이 최고. 재고 같은 것은 만들지 않는다.

야채 가게, 생선 가게와 미친가지로, 오늘 들여온 물건은 오늘 중으로 팔아 버려야 한다.

"횟감 벌써 떨어졌어요?"

"네, 죄송합니다. 떨어졌어요."

이것으로 된 것이다. 언제나 준비되어 있기 때문에 가치가 떨어지는 것이다. 가치 있는 것으로 만들려면 재고를 쌓아 두지 말아야 할 것이다.

사실 이것은 브랜드 상품의 전략이기도 하다. 에르메스가 왜 인기가 있는가 하면, 재고가 없기 때문이다. 만들어 놓지 않고 주문을 받은 뒤에 만든다. 바킨의 경우는 3년 기다리는 것이 아주 당연시되고 있다. 만약 이것이 언제든지 살 수 있는, 여기에도 저기에도 있는 상품이라면, 그 누구도 기다리면서까지 사려고 하지는 않을 것이다.

바로 기다리지 않으면 살 수 없기 때문에 가치가 있는 것이다.

'어른의 일'은 주위의 힘을 어떻게 끌어들이느냐에 따라 결정된다

3

일을 잘하는 사람은 상사를
능숙하게 사용한다!

커다란 사업, 다이내믹한 일을 할 때는 개인기가 아니라 팀워크로 일을 하지 않으면, 좀처럼 일을 해낼 수 없는 법이다.

한 명의 천재만으로 할 수 있는 일에는 아무래도 한계가 있다.

혼자 만들어서 혼자 팔기보다, 나는 만드는 사람, 너는 파는 사람, 이라는 식으로 역할을 분담하는 것이 더욱 효율적이다. 세 명이 모이면 뛰어난 지혜가 나온다는 말처럼, 비록 두세 명의 조그만 팀이라 할지라도 힘을 모으면 무슨 일이든 할 수 있다.

팀을 이뤄서 일을 하는 이유가 어디에 있는가 하면, 그렇게 하면 '화학 반응'을 일으킨다는 점에 있는 것이다. 화학 반응이란, '평범한 인간'이 모여서 '비범한 성과'를 거두는 것이다.

예를 들어서 A와 B라는 사람의 호흡이 척척 들어맞는다면, 산술급수적이 아닌 '기하급수적인 효과'를 낳게 될 것이다. 자신감을 잃었을 때, '괜찮아', '반드시 할 수 있어'라고 동료가 아무렇지도 않게 던진 한마디에 힘을 얻었던 적이 있을 것이다.

하지만 현실적으로는 팀의 힘이 제대로 발휘되지 못하는 경우가 적지 않다. 왜냐하면 구성원들 간의 커뮤니케이션이 잘 이루어지지 않아, 단순히 빼기와 같은 효과가 아니라 나누기와도 같은 효과를 가져오기 때문이다. 상사나 선배가 있음에도 불구하고 그들에게 묻거나 협력을 구하지도 않고, 부하가 있음에도 불구하고 도움을 받지 않고 자기 혼자서 일을 끌어안고 있는 사람들이 많다.

이래서는 아무런 도움도 되질 않는다. 팀워크가 워크 부전증에 빠져 버린 것이다. 이렇게 되면 그저 오합지졸, 단순한 집합에 지나지 않게 된다.

반면 능력 있는 사람은 능숙하게 팀에 일을 시킨다. 상대가 상사라 할지라도 자신의 뜻대로 움직이게 하는 기술을 가지고 있다. 예를 들어서 지금부터 새로 관계를 맺게 된 주요 거래처를 방문하려고 한다. 프레젠테이션도 충분히 연습을 해두었고 드디어 실전을 눈앞에 두고 있을 때, 전화 한 통이 걸려 왔다. 다른 주요 거래처로부터의 크레임 전화였다.

중요한 일과 시간을 다투는 일. 어느 쪽이 더 소중한가? 물론 말할 것도 없이 중요한 일이다. 하지만 현실적으로는 반드시라고 해도 좋을 만큼 긴급한 일 때문에 방해를 받게 된다.

이 경우에도 크레임을 걸어 온 곳에 가보지 않으면 안 된다고 담당자는 판단할 것이다. 하지만 일은 혼자서 모든 것을 끌어안고 있어서는 안 된다.

'담당자인 나보다도 과장님께서 그쪽으로 가서서 사과를 하도록 하자'라고 생각해도 좋을 것이다.

"담당인 A는 지금 출장 중이어서, 내일 아침 일찍 이곳으로 달려오라고 말해 두었습니다. 그래서 오늘은 제가 대신……."

"담당자는 어디 갔어?"라며 화를 내기보다는 "책임자께서 일부러 오셔야 할 만한 일은 아닌데."라며 오히려 상대도 미안해하지 않을까? 내 경험으로는 그랬다. 그 사이에 신규 고객에 대한 프레젠테이션을 열심히 한다면, 과장도 대신 가준 것에 대해서 보람을 느낄 것이다.

'어른의 일'은 모든 일을 혼자 끌어안고 있지 않는 것. 주위 사람들의 도움을 받자. 대신 당신도 언제나 도움을 주어야 함은 말할 필요도 없다. 바로 이런 것을 팀의 힘이라고 할 수 있는 것 아니겠는가? 어려울 때 상부상조하는 것. 그저 가까운 곳에 자리가 있는 것이 전부일 뿐인 관계여서는 안 된다.

29

자신도 모르게 도와주고 싶은 사람이 되어라!

하나하나의 힘은 미약하지만, 그것을 한 점에 모아 놓으면 굉장한 힘이 된다.

물도 압력을 가해서 한곳에 집중시켜 놓으면 두께 30cm가 되는 철판이라노 산난하게 뚫을 수 있게 되는 법이나.

그러니 일에 있어서는 물에 비할 것이 못 된다. 혼자서는 하지 못했던 일이라 할지라도 두 사람, 세 사람이 모여 서로 지혜를 짜내서 작전을 생각한다면, 불가능한 일이란 그리 흔치 않을 것이다. 팀의 힘을 사용하면 한 수준 더 높은 일까지도 달성할 수 있게 되는 법이다.

그런데 팀의 힘을 집결시키는 데 가장 중요한 요소는 호흡이다.

"너는 싫어!"

"누가 할 말을?"

이런 적개심을 품고 있으면, 팀 내에 틈이 벌어지게 된다. 물론 이런 상태로는 더하기, 곱하기와 같은 효과는 볼 수가 없다. 기껏해야 빼기, 나누기와 같은 효과가 있을 뿐이다. 서로의 발목을 잡고 늘어진다면, 팀으로서의 효과가 사라져 버리게 된다.

이런 일이 벌어지지 않도록 하는 데 필요한 것이 애교다. 비즈니스맨에게 애교는 필수다. '여자는 애교'라고들 흔히 말하지만, 유명한 마쓰시타 고노스케 씨는 '남자도 애교'라고 곧잘 이야기하곤 했다.

어째서 필수인가 하면 인간 관계의 윤활유기 때문이다.

'나도 모르게 응원을 하고 싶어진다.'
'왠지 도움을 주어야겠다는 마음이 생깁니다.'

이것이 애교의 강점이다. 비록 업무 능력은 조금 뒤쳐진다 하더라도, 이 애교만으로 주위에 도와주는 사람들을 만들어서 일을 해나가고 있는 사람들도 적지 않다. 당신 주위에도 한 사람 정도는 있을지도 모르겠다.

애교를 한마디로 표현하자면, 주위 사람들의 기분을 상하지 않게 하는 기술이다.

예를 들어서 상사나 선배들과 노래방에 갔다고 하자.

"자네, 한 곡 부르게나."

'자네'라는 말이 떨어지는 순간 벌써 번호를 입력하기 시작하는 것이 바로 애교다. 어차피 불러야 하는 것이라면 잽싸게 불러 버린다. 매도 먼저 맞아 버리는 것이다.

이것은 접대에서도 중요한 역할 중 하나다.

"그 사람이라면 안심. 자신이 무엇을 해야 할지 잘 알고 있으니까."

이에 비해서 좋지 않은 것은 다음과 같은 사람이다.

"네? 노래방? 나 노래는 안 해요. 음치라서."

그 누구도 노래를 잘 부르라고는 하지 않았다. 시험 삼아 한 번 해보라고 말했을 뿐이다. 반응이 좋지 않으면 다음부터는 그 누구도 부탁하지 않을 것이다.

"그럼 노래 리스트 주세요."

귀중한 시간을 헛되게 쓰지 말아라. 자신이 부를 노래 정도는 평소에 결정해 두어라. 이런 좋지 않은 것이 일을 하는 데 있어서도 반드시 모습을 드러내니, 참으로 이상하다고 하지 않을 수 없다.

"접대에 그 사람은 적절하지 못해요."

"맞아. 분위기를 파악하는 힘이 없어서."

바로 이것이다. 분위기를 파악하는 힘이 있는가 없는가, '어른의 일'에서는 바로 이것이 매우 중요한 포인트가 된다.

30

상사기 때문에 애교는 필수

애교는 부하뿐만 아니라 상사에게도 필수다.

아무리 나이를 먹어도 귀염성을 가지고 있는 사람이 있다. 반대로 언제나 떫은 감을 씹은 것 같은 사람이 있다. 그에게는 아무도 다가서지 않을 것이다. 그렇게 되면 소중한 정보도 들어오질 않는다. 만약 당신에게 부하가 있는데 당신이 이런 상사라면, 나쁜 소식을 거부하고 있는 것과 마찬가지인 것이다.

'나쁜 정보일수록 웃으면서 듣는다.'

이런 애교가 없으면 무엇이든 시원하게 통하는 팀이 될 수가 없다.

팀의 성격은 상사의 성격에 따라서 달라지게 된다. 부하가 비록 백 명이 있다 하더라도 이 백 명의 성격에 따라서 팀의 분위기가 결정되는 것이 아니다. 단 한 명의 상사가 모든 것을 결정해 버리는 것이다. 예를 들어서 상사가 거침없이 밀어붙이는 강인한 성격을 가지고 있는 사람이라면, 팀도 필연적으로 그런 타입이 되어 버린다. 영업면에서 이런 성격은 고객 개발에 안성맞춤이다.

반대로 무슨 일이든 데이터 없이는 아무것도 결정하지 못하는 상사라면, 일이 있을 때마다 데이터를 모으는 팀이 되어 버린다. 그렇기 때문에 이런 팀은 기동력이 없을 뿐만 아니라 스피드도 없다.

이런 팀이라 할지라도 상사가 바뀌는 순간 팀의 스타일이 바뀌어 버리니, 윗자리에 서는 사람의 영향력이 얼마나 큰 것인지를 알 수가 있을 것이다.

건강 식품 회사인 판클의 창업자 이케모리 켄지(池森賢二) 씨(대표 이사)가 재미있는 말을 했다.

오다와라(小田原) 시에 살고 있는 그는 언제나 역의 매표구에서 신간센 티켓을 구입하고 있는데, 그때마다 매번 불쾌함을 느낀다고 한다.

이유는 40대 중반의 직원.

이 사람은 뭐가 그리도 못마땅한지 언제나 미간을 찌푸리고 안절부절못하며 손님을 대한다. 물론 '감사합니다'라는 말은 들어 본 적이 없다. '아, 오늘은 좋은 일이 있을 거 같지가 않아'라며 그에게까지 우울증이 전염되어 버린다.

그런데 어느 날, 가슴에 '견습'이라는 이름표를 붙인 신입 사원이 자리에 앉아 있었다고 한다. 커다란 목소리로 '손님, ○○까지요?', '그럼 ○○까지 가는 특급표도 같이 드릴까요?', '여기 있습니다. 확인해 보십시오', '감사합니다'라고 말하는 것이 아닌가?

'정말 기분 좋군. 오늘 출장에서는 좋은 일이 있을 것 같다.'

문득 얼굴을 들어 그 신입 사원의 뒤를 바라보니, 그 불쾌한 사내가 지도를 위해서 신입 사원을 감시하고 있었다고 한다.

대체 어느 쪽이 '어른의 일'을 하고 있는지는 말하지 않아도 좋을 것이다.

제아무리 JR(Japan Railways, 철도의 분할, 민영화로 탄생하게 된 여섯 개 철도 여객 회사와 화물 회사를 공통으로 부르는 이름 – 역자 주)이라 할지라도, 고객을 상대한다는 데는 변함이 없다. 그럼에도 불구하고 이 무뚝뚝함, 직업적인 미소도 없이 고객에게 불쾌함을 심어 준다면, 이는 말도 안 되는 것이 아니겠는가?

31

상사가 좋지 못하면
부하는 썩어 버린다!

그는 상사와 신입 사원과의 상관 관계에 대해서 다음과 같은 이야기를 했다.

네 가지 패턴이 있을 수 있다.

1_ 상사의 질이 높고, 신입 사원의 질도 높은 경우.

2_ 상사의 질이 높고, 신입 사원의 질은 낮은 경우.

3_ 상사의 질이 낮고, 신입 사원의 질은 높은 경우.

4_ 상사의 질이 낮고, 신입 사원의 질도 낮은 경우.

이 패턴을 생산성이 높은 순서대로 나열해 보면 다음과 같이 된다.

이상하게도 **3**의 경우가 **4**의 경우보다도 생산성이 높아지는 법이다.

왜냐하면 상사의 질이 낮은 경우, 부하도 그와 마찬가지로 질이 낮으면 그는 아무것도 배울 것이 없기 때문에 섣불리 행동하지는 않는다. 낮은 수준이기는 하지만, 회사가 위험에 처할 만한 사태는 벌어지지 않는다. 팀은 수준이 낮기는 하지만, 일은 한다.

그런데 상사의 질이 낮은데 부하의 질이 높으면 부하는 상사를 무시하고 일을 해버리게 된다. 이렇게 되면 혼자 판단하고 혼자 행동하게 되기 때문에 점점 더 제멋대로 일을 해버리게 된다. 일을 잘 처리하는 만큼 상사를 상사로 보지 않는다.

오른쪽으로 갈지 왼쪽으로 갈지, 방향 지시기를 켜는 것은 상사가 해야 할 일이다. 하지만 능력 있는 부하는 상사의 지시대로는 움직이지 않는다. 이렇게 되면 팀은 오합지졸. 까딱 잘못 하다가는 회사를 위기에 떨어지게 할지도 모를 일이다.

상사의 책임이란 매우 커다란 것이다.

그런데 상사, 부하를 막론하고, 인간은 다음의 다섯 가지 스타일로 나눌 수 있다.

▶▶ **자연성(自燃性)**

강한 열의를 가지고 있으며, 무슨 일이든 솔선수범하여 움직인다. 주위 사람들도 자극을 받아서 일을 하게 되는 스타일. 미래의 리더감이다.

▶▶ **타연성(他燃性)**

스스로 열의를 불태우지는 않지만, 주위 사람이 말을 하면 움직이는 스타일. 리더라기보다는 하사관 스타일. 조직에서는 이런 스타일도 중요하다.

▶▶ **선연성(選燃性)**

때와 장소에 따라서 열의를 불태우고 움직이는 스타일. 수당이 주어지거나 '이걸 해내지 못하면 파면!' 당할 위기에 처하는 경우에 힘을 발휘하는 스타일.

▶▶ **불연성(不燃性)**

무슨 일이 있어도 열의를 불태우지 않고 담담하게 같은 일을 반복하는 스타일. 나름대로 필요한 곳이 있다.

▶▶ **소연성(消燃性)**

다른 사람의 의욕을 꺾거나 열의를 약화시켜 버리는 스타일. 이런 사람이 윗자리에 오르게 되면, 부하들은 견디기 힘들어진다. 하지만 조직을 보면 이런 사람들이 적지 않다.

모처럼 질이 높은 부하가 배속되었는데 상사가 '다섯 번째인 소연성'이라면, 부하가 가지고 있는 특유의 소질을 죽여 버리게 된다.

앞서 소개한, 손님에게 인사도 하지 않으며 질 높은 부하를 감시하는 그런 상사는 이 소연성 이외에 아무것도 아닐 것이다.

또 만나고 싶은 사람,
두 번 다시 보기 싫은 사람

비즈니스맨이라면 사내에서나 사외에서나, 상사·선배들뿐만 아니라 단골 고객에게까지도 폭넓고 깊게 성원을 받고 싶을 것이다.

일의 성과는 이 성원에 달려 있는 것이라고 말해도 좋을 것이다. 그런 의미에서 정치가는 아니시만 폭넓은 지지자를 얻을 필요가 있는 것일지도 모르겠다.

단, 당신도 느끼셨으리라 생각되지만, 세상에는 '또 만나고 싶은 사람'만 있는 것이 아니다.

'두 번 다시 보고 싶지 않다.'
'일만 아니면 저런 사람은 찾아가고 싶지도 않아.'

이런 사람도 있는 법이다. 만약 당신이 그런 사람이라면, 안타깝게도 성공을 하기는 힘들 것이다.

이렇게까지 부정적이지는 않더라도 만나고 싶지 않은 사람이 있다. 예를 들어서 '힘을 쏙 빼가는 사람', '기분을 처지게 만드는 사람', '피곤한 사람', '반응이 둔한 사람', '재미없어 하는 사람', '자기만 생각하는 사람'도 만나고 싶지 않은 사람이다. 나도 이런 사람들은 만나고 싶지 않다.

마루노우치(丸の內)에 있는 대기업에 다니고 있는 여사원들이 모여서 공부를 하고 있는데(『마루노우치의 여사원들은 보았다. 역시 성장한 사내, 의외로 실패한 사내의 차이점』(세숫팡샤)라는 책까지 출판했다), 그녀들에게 '가장 좋아하는 상사'를 물어보았다. 한마디로 '함께 달려 주는 사람'이라는 것이다. 친절한 사람도 일을 잘하는 사람도 아니었다.

'함께 달려 주는 사람', 즉 반주자(伴走者)인 셈이다. 반주자 하면 생각나는 것이 마라톤의 다카하시 나오코(高橋尚子) 선수와 고이데 요시오(小出義雄) 감독이다. 달리는 것은 선수 자신. 그렇다고 해서 그냥 내버려 두지 않고 끝까지 지켜본다. 힘들어 하면 그때마다 말을 건넨다.

'힘든 건 너뿐만이 아니다'라며 말만 하는 것이 아니라, 자신도 함께 도로를 따라 달려 준다. 덕분에 '혼자 달리고 있다'는 고독감에 시달리지 않고 마음 놓고 달릴 수 있게 되는 것이다.

인상에 남아 있는 일이 있다. 시드니 올림픽 때의 일이었다.

다카하시 선수의 라이벌은 케냐의 로루페 선수였다. 당시 세계 최고 기록을 가지고 있었기 때문이었다. 그런 만큼 다카하시는 선두를 달리고 있으면서도 불안함을 느끼지 않을 수 없었다. 그런데 그녀의 옆에서 함께 달리고 있던 고이데 감독이 이렇게 소리를 질렀다.

"다카하시, 로루페는 안 온다. 로루페는 안 와!"

컨디션 조절에 실패했던 것일까, 로루페는 실력을 발휘하지 못하고 탈락해 버렸던 것이다. 덕분에 그 뒤의 레이스에서는 자신의 페이스대로 공략할 수가 있었다. 결과는 잘 아시는 바와 같이 금메달.

'이런 상사가 이상적인 상사'라고, 비즈니스맨들을 한자리에서 10년 동안 지켜본 경력을 가지고 있는 그녀들은 입을 모아 이야기한다. 이 말에는 진지하게 귀를 기울여야 할 것이다.

'함께 달려 주는 사람'의 반대말은 '제멋대로 달리는 사람', '혼자 달리는 사람'이다. 다시 말하자면 자기중심적, 이기적, 천방지축이라는 의미다. 이런 사람은 최악. 이런 사람도 만나고 싶지 않다.

33

할 수 없는 일은,
할 수 있는 사람에게 맡겨라!

<u>상사든, 부하든, 단골 거래처든, 모두를 파트너 관계에 있는 사람이라고 생각하는 것은 어떨까?</u>

사장 혼자서 모든 일을 완결 지을 수 있을 리가 없다. 부장 혼자서 모든 업무를 막힘 없이 진행시켜 나갈 수 있을 리가 없다. 사장은 경영 전문가로서 담당하고 있는 일을 행하고 있으며, 부장도 팀의 리더로서의 역할을 수행하고 있다. 담당자는 영업, 총무, 인사…… 등 각 분야의 전문가로서 일을 수행하고 있다.

정확하게 말하자면 상사와 부하, 혹은 사장이라 하더라도 원래는 그 사이에 상하 관계 같은 것은 존재하지 않는 것이다. 각자가 자신의 책임을 다하고 있는 한, 팀은 확실하게 일을 하게 되는 것이다.

이것은 파트너의 목적을 생각한다면 더욱 확실하게 알 수 있을 것이라고 생각된다.

보완 관계
자신이 할 수 없는 일, 불가능한 일을 대신 해준다.

시간 관계
자신이 할 시간이 없는 일을 대신 해준다.

이것은 중요한 것이기 때문에 조금 더 구체적으로 이야기해 보겠다.

▶▶ 보완 관계

'상사니까 모든 것을 다 할 수 있어야 한다'고 생각해서는 안 된다.

자신은 할 수 없지만 부하인 A라면 할 수 있다고 판단된다면, A에게 맡기면 되는 것이다. 이것이 '어른의 일'이다.

가장 잘하는 사람에게 일을 시키는 것이 팀으로서는 가장 좋지 않을까?

사장이나 상사라고 해서 전부 슈퍼맨은 아니다. 그럼에도 불구하고 '할 수 있을 것이다', '못하다니 우습다'라고 일방적으로 생각해 버리고 잘 하지도 못하는 일을 시킨다면, 성과를 거두지 못할 것이다. 사장에게는 사장으로서 해야 할 일이 있다. 그것은 경영 전문가로서의 일이며, 부장에게는 팀 매니지먼트의 전문가로서의 일이 있다.

팀의 힘이란 인간으로 구성된 사슬이며, 사슬은 가장 약한 부분부터 끊어진다. 팀이 무너지는 것을 막으려면 약한 부분을 제거하면 되는데, 그것은 그리 쉬운 일이 아니다. 차라리 약한 부분을 강한 부분으로 보완하려고 해야 하는 것은 아닐지?

이것은 일뿐만 아니라 스포츠, 그리고 어떤 분야에서나 적용되는 말이다.

그 어떤 사람에게도 하루는 24시간. 시간을 유용하게 활용하기 위해서는 효율을 생각해야만 한다.

예를 들어서 여기에 연봉이 천만 엔인 사람이 있다고 하자. 이것을 시급으로 계산해 보면(8시간×240일로 계산), 약 5천 엔이 된다(사회 보험이나 국민 연금 등은 생략했다). 그리고 연봉 5백만 엔인 사람이 있다고 한다면, 이 사람은 약 2천 5백 엔이 된다.

만약 회사에서 복사 등과 같은 단순한 일을 시켜야 한다면, 도대체 어떤 사람에게 시켜야 할 것인가? 일에는 우선도가 있으며, 중요도가 있다. 복사와 같은 일에는 가장 싼 노동 임금을 지불해도 괜찮은 것이다. 반대로 경영상의 결단과 같은 중요한 일일수록 높은 임금을 받고 있는 사람에게 시켜야 하는 것이다.

사실 임금에는 **1** 업무 임금, **2** 리더 임금, 그리고 **3** 경영 임금의 세 종류가 있다. 업무 임금은 자신의 일만 하면 되는 정도의 수준이며, 리더 임금은 팀 전체의 일과 인재 육성에 신경을 쓰지 않으면 안 될 수준이며, 경영 임금은 회사 전체를 체크하지 않으면 안 될 수준인 것이다.

만약 부장이면서도 부하의 매니지먼트를 충분하게 수행하고 있지 못한다면, 그에게는 업무 임금만으로도 충분할 것이다. 그 것이 '어른의 일'의 규율이다.

사람을 움직인다!
긴자 마담의 경영술

<u>파트너도 중요하지만, 라이벌의 존재도 일의 생산성을 향상시키는 데 도움이 된다.</u>

라이벌이란 적은 적이지만 '호적수'를 말하는 것으로, 서로가 경쟁하여 발전할 수 있는 상대를 일컫는다.

최근의 불황과는 관계없이 건재한 긴자의 마담이 있다. 이 사람의 경영 방법을 한마디로 표현하자면, 라이벌 의식을 교묘하게 이용하여 가게 안을 활성화시키는 것이라고 할 수 있겠다.

어떤 조직이라 하더라도 평화로운 분위기를 유지해야 한다는 사실에는 나도 동감을 한다. 하지만 그것도 너무 지나치게 되면 단순히 사이 좋은 사람들끼리의 모임이 되어 버리고 만다. 예를 들어서 고객으로부터의 크레임도 팀 내에서 정보를 공유해야만 비로소 반성을 하고 지식화, 교훈화 할 수 있다. 그런데 이것을 동료들 사이에서 숨기고만 있으면 문제점의 원인이 영원히 밝혀지지 않기 때문에, 어느 순간부터 팀의 힘이 저하되어 버리고 말 것이다. 이런 내성적인 자세로는 업적이 향상될 리가 없다.

이 마담은 철저하게 라이벌 의식을 부추겼다. 거품 경제의 붕괴 이후, 이 업계의 매출액은 하향 곡선을 그리고 있었으니 '파리만 날리는' 날이 있어도 이상할 것이 없었다. 그런데 호스테스들이 마치 영업 사원처럼 전화로 세일즈를 철저하게 하고 있기 때문에, 오히려 상승 곡선을 그리면서 계속해서 성장을 하였던 것이다.

고객들 중에는 상장 기업의 사장, 의사, 변호사, 엘리트 영업 사원 등과 같은 사람들이 많기 때문에, 그들과 보조를 맞추기 위해서 경제 신문이나 경제 잡지까지 읽으며 무장을 하고 있다. 어설픈 비즈니스맨보다 더 공부를 하고 있는 것이다.

라이벌 의식을 철저하게 이용하는 경영 방법의 핵심은 재적하고 있는 호스테스(20명) 중 3분의 1을 매달 해고하는 일일 것이다. 지명 고객 수, 동반 고객 수, 신규 고객 수 등이 모두 점수화되며, 그들의 합계를 계산해서는 자동적으로 발표하고 있는 것이다.

다윈의 진화론이나 멘델의 유전 법칙은 아니지만, 우승열패(優勝劣敗)를 통해서 팀은 점점 강해진다. 노력하지 않고서도 수입을 얻을 수 있는 일은 세상에 그리 흔치 않다(전혀 없다고는 말하지 않겠다). 비즈니스맨이 회사에 의존하게 되면, 그 회사는 도산

한다. 호스테스가 가게에 의존해 버리면, 가게는 문을 닫을 수밖에 없어진다.

매달 하위 3분의 1이 바뀌는 데서 오는 이점은 매우 크다. 우선 늘 얼굴이 바뀌기 때문에 단골 고객들은 신선함을 느끼게 된다. 가게 입장에서도 새로 들어온 사람들은 최저 보증액부터 출발을 하기 때문에 비용 면에서 이득이 굉장히 크다. 일 개월 후에 복귀를 해도 상관없다. 원래 호스테스들 사이에는 긴장감이 존재하기 때문에, '더 열심히 하자!'는 위를 지향하는 마음이 자연적으로 심어지게 된다.

이러한 풍토를 가지고 있는 조직은 불황에 강하다. 왜냐하면 각자가 독립 사업주로서의 감각을 갖게 되기 때문이다.

'지금은 이 가게에서 일하고 있지만, 언젠가는 독립할 거야.'

이것이야말로 '어른의 일'이 아니겠는가? 이런 야심을 가지고 있는 호스테스가 과연 얼마나 있을까? 이것으로 가게의 의욕과 힘이 결정되는 것이다.

애매한 표현에서는
착각과 오해만이 태어난다

파트너도 좋고 라이벌도 좋지만 사람을 움직이는 기술이 없다면, 효율적으로 일을 할 수 없을 것이다.

특히 현대에서는 말하지 않아도 통한다는 것은 있을 수 없는 일이기 때문에, 전달 게임처럼 적당한 메시지를 전달하면 상대에게는 부정확한 정보밖에 전달되지 않는다. 이렇게 되면 오해, 착각과 같은 잘못들이 빈발하게 된다.

예를 들어서 '일(1)'과 '이(2)'는 전화상으로는 거의 구별할 수 없기 때문에, 나중에 확인을 위해서 메일이나 FAX로 정확한 발주서를 전달해야 한다.

그뿐 아니다. 우리나라 사람들은 애매한 표현을 많이 쓴다. '상당히', '그럭저럭', '꽤' …… 등과 같은 애매한 메시지를 사용한다면, 오해를 사게 된다 해도 어쩔 수 없는 일 아니겠는가?

적어도 비즈니스에서 사용할 수 있는 표현이라고는 할 수 없을 것이다.

다음과 같은 대화를 듣는다면 어떤 느낌이겠는가?

"오늘 매출은 어떤가?"

"그저 그렇습니다."

"다음 주 주문은?"

"꽤 들어와 있습니다."

"이번 달 목표는 달성할 수 있겠지?"

"더 많이 갈 겁니다."

이것 가지고는 전혀 일을 할 수가 없다.

이러한 아날로그 표현이 아닌, 확실한 숫자로 표현하는 디지털 메시지를 사용해야 한다. 그렇지 않으면 정확한 의미를 전달할 수 없으니, 주의하기 바란다.

이것이 '어른의 일'이라고 생각한다.

인간은 메시지에 따라서 움직인다. 사람을 움직이는 데 있어서 가장 중요한 포인트는 확실하게 전달해야 한다는 점이다. 지시, 명령이 부정확했으면서 '잘못했다'고 상대를 비난해서는 안 되는 것이다.

일을 잘 하는 사람은 지시가 정확하기 때문에 일을 되풀이하지 않는다.

　이렇게 되면 당연히 야근도 줄어들게 되며 부하나 관련 부서 사람들도 계획을 세워서 일을 할 수 있게 되기 때문에, 이보다 더 효율적인 일도 없을 것이다.

심금을 울리는 '어른의 설득법'

말에는 힘이 있다. 사람을 살리는 것도 말이고, 죽이는 것도 말이다.

예를 들어서 이런 메시지는 어떻겠는가?

"한 회사에서만 일억 엔의 매출액을 기록했다고! 잘했네. 큰일을 해냈군."

그렇다면 다음 메시지는 어떨까?

"백 개 회사들로부터 합계 일억 엔의 매출을 기록했군. 정말 열심히 노력해 주었네."

양쪽 모두 칭찬을 하고 있다. 격려를 하고 있는 것이다. 하지만 칭찬하는 방법에 있어서 강조를 하고 있는 부분이 다르다.

전자의 경우는 커다란 결과를 냈다는 점을 높이 사고 있으며,

후자는 노력했다는 점을 높이 사고 있는 것이다.

양쪽 모두 좋다. 양쪽 모두 의욕이 솟아오를 것이라고 생각된다.

그렇다면 다음은 어떨까?

"한 회사에서 일억 엔이라. 이 일이 틀어지면 큰일이니 조심하게."

참으로 옳은 말이다. 하지만 그런 점에 대해서는 담당 영업 사원이 가장 주의를 기울일 것임에 틀림없다.

그렇다면 다음은 어떨까?

"백 개 회사에서 일억 엔이라. 한 회사 평균 백만 정도군."

백만 엔으로는 적다는, 은연중에 품고 있는 불만이 드러나 버리게 된다. 그러면 발바닥이 닳도록 영업을 한 사람이 한심해지게 된다.

사람의 마음이 전달되지 않는 것만큼 허무한 것도 없다. 사람은 말 한마디에 따라서 살기도 하고, 죽기도 한다. 심금을 울리는 메시지가 중요한 것이다.

사람을 살리는 메시지, 사람의 의욕을 북돋우는 메시지를 진달하는 것이야말로 '어른의 일'이 아니겠는가?

참고로, 내가 가장 기뻤던 메시지는 역시 영업 사원이었을 때 들었던 말이었다.

"자네, 열심히 뛰어 주고 있네."

이 말을 들었을 때, 사실은 좀 의아하다는 생각이 들었다. 언제나 책상에만 붙이 앉아 있는 상사에게 나의 모습이 보일 리가 없질 않은가? 사람이 순수하지 못했던 만큼 절반은 입에 발린 소리일 것이라며 그냥 흘려들어 버렸다.

그런데 어느 날, 다음과 같은 말을 듣고 오해가 풀렸다.

"주요 거래처에서 제일 많이 전화가 오거든."

그렇다. 자리를 비웠을 때, 부하 대신 전화를 받는 것은 바로 상사였던 것이다. 회사로 돌아오면 책상 위에 전화 내용을 메모한 종이가 여기저기 붙여져 있다. 부하도 있었고 지원해 주는 사람도 있었지만, 모두가 바쁠 때는 상사가 전화를 받았던 것이었다. 상대 회사, 담당자의 이름도 전부 알고 있었다. 그랬기 때문에 이런 메시지를 전달할 수 있었던 것이다.

'그래, 제대로 보고 있군.'

이것이 영업 사원으로서의 솔직한 감상이었다. 이것도 어떤 의미에서는 앞서 말한 '반주자'가 아닐까? 물론 말할 필요도 없이 의욕이 솟아올랐다.

냉정과 열정 사이

<u>최근 몇 년 동안 대기업에서 나와 사업을 시작하는 사람들이 늘어나고 있다.</u>

사내 기업가이든 독립을 바라든, 지금보다 더 다이내믹한 일에 도전하려고 하는 마음가짐은 좋다. 이것은 자기 실현과도 통하며, 회사로시도 새로운 사업으로서 돈빌이를 늘리는 계기도 되기 때문에 서로의 메리트를 누릴 것이다.

기회는 스스로 잡는 것이기도 하며, 또한 다른 사람이 가져다 주는 것이기도 하다. 어찌 됐든 의사 표시를 하지 않으면 아무도 받아들여 주지 않는다.

그런데 사업을 시작하려고 할 때, 가장 중요한 포인트는 사업 계획과 열의, 이 두 가지가 아닐까?

들는 사람에게 열의만은 전달된다. 하지만 상대는 '?'라는 얼굴을 하지 않을 수가 없다.

왜냐하면 거기에는 구체적인 사업 계획이 없기 때문이다. 단순히 열의로만 밀어붙여서는 경비를 받을 수도, 출자를 기대할 수도 없을 것이다. 출자나 협력을 얻지 못하면 거기서부터는 한 걸음도 나아갈 수가 없다.

"구체적인 숫자를 주세요!"

"무슨 말인지는 잘 모르겠지만, 그 열의만은 높이 평가하지."

이런 말을 듣고 물러설 수밖에 없다.

열의는 스스로 이야기해서 전달하면 되지만, 사업 계획은 어디까지나 숫자를 바탕으로 숫자로 하여금 이야기하도록 하지 않으면 안 될 것이다.

추상적인 이미지만 이야기한다면, 듣는 사람도 설득력이 없다고 생각한다. 이 경우도 역시 디지털 메시지, 숫자에 의한 표현이 포인트인 것이다. 예를 들어서 적어도 '예상 매출', '경비', '재고 회수율', '손익 분기점', '초기 투자 회수 시간' 정도는 한눈에 알아볼 수 있도록 해두기 바란다.

냉정과 열정 사이인 것이다.

사업 계획은 어디까지나 냉정이며, 숫자는 상세하면 상세할 수록 신빙성이 있다. 상세한 숫자까지 파악하고 있지 못한 사람에게 그 누가 알토란 같은 자금을 출자하겠는가?

예를 들어서 한 대주주가 투자사의 경영자와 식사를 할 때, 상대에게 하나하나 구체적인 숫자에 대해서 질문을 했다. 그런데 상대 경영자는 뒷받침할 만한 숫자로 대답하지 못했다. 그 다음날 투자가는 출자 기업의 주식을 전부 처분해 버렸다. 투자, 출자는 목숨을 건 돈이다. 비즈니스는 목숨을 건 일이지 놀이가 아니다.

한편, 열의는 열정적이어야 한다. 의욕이 전신 중에 넘쳐나게 해야 한다. 그렇지 않으면 사람들은 움직이지 않는다. 도와주지 않는다. 출자해 주지 않는다.

'어른의 일하는 법'으로
교섭에 강해진다

메시지의 전달 중에서 가장 어려운 것이 교섭일 것이다.

안팎에서 일본인은 늘변, 교섭에 서툴다는 말을 오래 전부터 듣고 있는데, 틀림없이 외무부에서 행하고 있는 일련의 교섭들을 보면 그렇게 느낀다 해도 어쩔 수 없는 일이라는 생각이 든다.

하지만 특히 비즈니스의 경우에는 일본인 중에서도 강력한 교섭자가 적지 않다.

예를 들어 중동에서 석유 사업에 대한 교섭을 할 때 일본의 한 상사와 세계적인 기업이 승부를 가리게 됐는데, 마지막에 이긴 것은 일본의 상사였다. 이때의 교섭(최종 라운드)은 몇 주 간에 걸

친 장기전이었으며, 라이벌 회사는 최고 리더가 모든 일을 맡아 하고 있었다. 이에 비해서 일본의 상사는 팀 플레이였다. 결과 는, 종반이 되자 상대 최고 리더가 피곤에 지쳐서 교섭에 실패. 결렬되어 버렸다. 그래서 상사가 승리를 하게 되었다.

팀 플레이로 교섭에 임하는 것은 일본 기업의 특기라고 할 수 있을 것이다. 또한 최고 리더가 모든 일을 맡는 것은 외국(정부, 기업을 막론하고)의 특기다.

그런데 교섭은 찬반 논쟁이 아니다. 찬반 논쟁은 게임이며, 게 임이기 때문에 반드시 승부가 가려지게 된다. 여기서는 이기지 못하면 의미가 없다. 하지만 비즈니스 교섭에서는 논의에서 진 다 하더라도 이익을 얻을 수 있으면 되며, 명(名)을 버리고 실(實) 을 취하는 전술도 교섭에서 볼 수 있는 방법 중의 하나다. 논의 에서 이기고 교섭에서 져서는 안 되는 것이다.

나는 '교섭이란 이인삼각으로 골을 향해 가는 것'이라고 정의 하고 있다. '대립하는 일이 많지 않습니까?'라는 물음에는 다음 과 같이 대답하고 싶다.

'그것은 정보가 없기 때문이다. 서로가 모든 정보를 교환하지 않기 때문이다.'

'이야기를 잘 들어 보니 대립할 필요가 없었다'라는 경우도 많다.

교섭에 대한 기술과 관련된 유명한 일화가 있다. 오렌지 하나 를 놓고 둘 사이에서 대립이 일어났다. 그런데 이야기를 잘 들어

보니, 한쪽은 알맹이만을 취해서 주스를 만들고 싶어했다. 다른 한쪽은 마멀레이드를 만들기 위해서 껍데기를 필요로 했다. 충분히 대화를 나눴다면 대립할 일은 어디에도 없었던 것이다.

하지만 대립했다. 그 원인은 커뮤니케이션의 부족, 즉 정보 교환의 부족인 것이다. 이런 경우 '당신은 이 오렌지를 어디에 쓸 생각인가? 만약 필요하다면 그 부분만을 떼어 줄 수도 있다'고 이야기했다면, '껍데기만 있으면 돼'라고 대답했을 것이다.

'나는 알맹이가 필요해. 교섭 성립.'

교섭에서는 상대의 목적과 이쪽의 목적을 확실하게 교환해 두는 것이 절대적으로 필요한 조건이 된다.

논리성, 숫자나 데이터, 평이성, 표현 기술, 발표력, 받아들이는 감성 등 교섭에는 수많은 기술이 필요하지만, 무엇보다도 중요한 것은 '이 교섭은 도대체 무엇을 위해서 하는 것일까?' 하는 방침을 명확하게 해두어야 한다는 것이다. 이것이 확실하게 결정되어져 있지 않으면 마음이 불안하기 때문에, 그만 주저앉아 버리게 된다. 즉 교섭에서 진다는 것은 자멸을 의미하는 것이다.

마음에 들지 않는다면
대안을 제시하라

교섭에서 이기지는 못한다 할지라도 결코 지지 않는 방법이 있다. 그것은 대안력(대체 안을 제안할 수 있는 능력을 말함)을 충분히 발휘하는 것이다.

교섭의 본질은 'Best Alternative To No Agreement(머리글자를 따서 통상 「BATNA」라고 부른다)?'에 있다. 즉 상대와 합의를 보지 못했을 때, 최선의 대체 안을 제시하는 것'이라는 의미다.

대부분의 교섭에서 100% 어느 한쪽의 바람만이 이루어지는 경우는 있을 수가 없다. 이것은 완전 항복을 의미하는 것이 아닌가?

'당신의 그것은 인정하겠다. 대신 나의 이것도 인정해 주기 바란다.'

이렇게 되는 것이 현실적이다.

그렇기 때문에 최선의 대체 안을 얼마만큼 제시할 수 있느냐 하는 것이 중요한 포인트가 되는 것이다.

'BATNA'를 실현하기 위한 중요한 요령이 세 가지 있다. 다음과 같은 것이다.

1_ 타협점을 찾는 일.

1_ 쉽게 말하자면 '결론'을 말한다.

2_ 우선 순위를 명확하게 한다.

1_ 목적은 과연 무엇인가? 목적이 여러 가지 있다면, 어느 것을 가장 우선시해야 하는가 하는 점을 명확하게 할 것.

3_ 논리적으로 접근한다.

'필요하기 때문에 필요하다', '안 되는 건 안 되는 거다'라는 마음은 알겠지만, 그래서는 교섭이 성립되지 않는다. 어른의 이야기는 논리적이지 않으면 안 된다. '어른의 일'은 당연히 논리에 합당한 것이어야만 한다.

그런데 이 논리라는 것은 참으로 묘한 것으로, 양쪽 모두가 각자의 사정을 가지고 있기 때문에 어차피 자신에게만 통하는 논리로 전개될 것이 뻔한 이치다. 북한의 논리를 일본에서는 이해하지 못한다. 아니 불합리하다고까지 생각하는 것은 서로의 논리에 대한 해석이 대립되기 때문이다.

그래 가지고는 언제까지고 대립만 하게 되기 때문에 문제는 영원히 해결되지 않는다. 테이블을 걷어차고 뛰쳐나오게 될지도 모른다(이것도 제스처로 교섭 노하우 중의 하나기는 하지만).

따라서 **1**의 '결론'이라는 원칙으로 돌아가게 되는 것이다.

'노'라고 말할 수 있는
사람일수록 인정을 받는다!

상대방의 의견에 반대를 하는 것은 누구나 할 수 있는 일이다. 중요한 것은 대안을 제시하는 힘이다.

특히 영업 사원에게 있어서 상대가 받아들일 수 있는 대안을 기획하는 것은 필수라고 할 수 있겠다.

그런데 이것을 하지 못하는 영업 사원들이 적지 않다. 손님이 싫어하지 않도록 무엇이든 '예스'라고 대답을 해버린다. 그저, 기분이 상해서 거절하지나 않을까 하는 마음에서 행동을 한다면 믿음직스럽지가 못하다.

이런 영업 사원을 지원해야 하는 사원은 비참하다. 업무가 번잡해져 갈 뿐, 그럼에도 불구하고 매출액은 얼마 되지 않는데 경비는 엄청나게 증가한다. 엎친 데 덮친 격, 설상가상은 바로 이를 두고 하는 말이다.

'이건 힘들겠는걸', '관계 부문에 너무 많은 부담이 되겠는데' 라고 생각되는 요청에 대해서도 간단하게 '예스'라고 대답했다 가, 나중에 이행하지 못하게 되어 문제가 발생하게 되는 것도 이 런 경우다. 안이한 타협은 서로의 비즈니스에 있어서 백해무익 한 것이다.

언제나 '노', '노'라고 딱 잘라서 거절하기만 해서도 안 되겠 지만, '노'라고 부드럽게 전달하는 기술도 익혀 두지 않으면 안 된다.

거 래 처　좀더 싸게 안 되겠나? 주문량이 많지 않았나. 이쯤 되 면 그쪽 손익 분기점도 상당히 내려갔을 텐데. 어떻 게 해볼 수 있겠지?

영업 사원　거의 원가로 드리는 겁니다. 이해해 주십시오.

거 래 처　그런 소리하지 마. 물건을 들여올 데는 얼마든지 있 다고. 이봐, 그리지 말고 한두 번 기래히는 것도 아니 니까 말이야.

영업 사원　알겠습니다…… (힘들겠지만) 본사로 들어가서 조정 해 보겠습니다.

거 래 처　잘 부탁하네. 꼭이야.

오랫동안 거래 관계를 맺고 있었기 때문에 딱 잘라서 '노'라고 대답하기는 힘들지도 모르겠다.

하지만 '예스'라고 간단하게 대답할 수도 없는 일이다. 그래서 쉽게 '예스'라고 대답할 수 있도록 이런 조건들을 해결해 준다면 '예스'라고 대답할 수 있다고, 이쪽에서 거꾸로 제안을 하는 것이다. 즉 대체 안을 제시하는 것이다.

그렇게 되면 그 대체 안을 받아들일 것인지 말 것인지, 이번에는 그것이 상대방의 일이 되어 버린다.

영업 사원	가능합니다. ○○씨.
거 래 처	과연 빠르군. 역시 가능하지?
영업 사원	네. 그런데 다음 사항을 해결해 주시겠습니까? 해주신다면 서로에게 득이 될 겁니다.
거 래 처	응? 어떤 사항?
영업 사원	우선 주문을 모아서 해주실 수 없겠습니까? 일회 주문량이 늘어나면 단가를 내릴 수 있으니까요. 다음으로, 결제를 꼭 현금으로 해주십시오(금리 면에서 득을 볼 수 있다). 그리고 어음 기간을 단축해 주실 수 있겠습니까?
거 래 처	뭐야? 어려운 조건인데. 차라리 예전대로 거래하는 게 더 낫겠네.
영업 사원	꼭 부탁드리겠습니다. 그러면 경비를 절감할 수 있으니까요.

'노'라고 말하지 않아도 '노'라고 말한 것과 같은 효과를 발휘한다. 고객의 요구를 일방적으로 만족시켜 주는 일만을 생각해서는 절대로 할 수 없는 일이다.

상대의 요구를 들어주면서 이쪽의 메리트도 찾는다. 상대가 언제나 이기기만 하고 이쪽은 언제나 지기만 하는 비즈니스는 오래 지속되지 않기 때문에, 양쪽 모두가 승자가 되어야 한다. 마케팅 세계에서는 이것을 'win-win 관계'라고 부르고 있는데, 이것은 다름 아닌 '사서 기쁘고 팔아서 기쁘다'는 뜻이다. 바로 이것이 상업의 지름길 아니겠는가?

이런 관계를 맺을 수 있어야만 고객은 영업 사원을 절대적으로 신뢰하게 된다.

'참 능력 있는 사람이야. 저런 영업 사원이 우리 회사에도 있었으면 좋으련만'이라며 틀림없이 주가가 올라갈 것이다. 그에 반해서 언제나 '예스'라고밖에 대답하지 못하는 영업 사원은 상대가 내심 무시를 하게 되는 것이다.

'노'라고 말하고 상대에게 인정을 받는다. 바로 이것이 '어른의 일'이 아니겠는가?

4

서른 살에 성장이 멈춘 남자

블랙 조크가 아니다.

서른 살에 성장이 멈춘 뒤, 그대로 최후를 맞이할 때까지 현상만을 유지했다는 이야기다.

오늘날과 같은 스피드 시대에 있어서 '현상 유지는 후퇴'를 의미한다. 자신의 능력을 더욱 갈고 닦지 못하고 그대로 일생을 마감한다.

'누가 그런 인생을 보내고 싶겠느냐?'고 생각할지도 모르겠다.

하지만 이 사내를 비웃을 수 있는 사람은 그리 많지 않을 것이
다. 나는 조금도 비웃을 수가 없다.

아니 오히려 몸이 굳어 버린다.

'정말로 100% 이상 능력을 발휘하고 있는 것일까?'
'새로운 일에 거침없이 도전하고 있는 것일까?'
'혹시 매너리즘에 빠져 있는 것은 아닐까?'

자신의 머리로 생각하고 있는가? 사고가 멈춰 버린 것은 아닐
까? '뇌력'을 발휘하는 것을 두려워하고 있지 않은가? 언제나
반성을 할 뿐이다.

인간의 뇌에는 1,500억 개나 되는 세포가 가득 들어 차 있지
만, 평생 동안 그중의 10%도 사용하지 못한다고 한다.

뇌력, 하면 언제나 등장하게 되는 아인슈타인조차도 겨우
20% 전후밖에 활용하지 못했다고 한다. 도대체 무엇을 근거로
계산하여 그런 숫자가 나오게 된 것인지는 전혀 알 수 없지
만…….

'일반 상대성 이론', '특수 상대성 이론'으로 알려져 있는 아
인슈타인은 독일의 남단에 위치한 울름이라는 작은 마을에서 태
어나 자랐다. 세기에 남을 만한 커다란 연구도 유아기의 체험에
그 비밀이 숨어 있었다.

어느 날, 엘리베이터가 천천히 올라가기 시작하자 호기심 왕

성한 소년이 어머니의 얼굴을 올려다보며 이렇게 외쳤다.

이 소년의 뛰어난 점은 이 문제를 그대로 내버려 두지 않고 이후로 일관되게 그 답을 추구했다는 점에 있다.

호기심은 문제 의식이
있느냐 없느냐에 따라서 결정된다

호기심이 없으면 아이디어도, 발상도 떠오르지 않는다.

아인슈타인은 호기심이 발동하는 대로 그 이미지를 점점 키워 갔다. 틀림없이 머릿속에는 여러 가지 모습들이 떠올랐을 것이다.

'만약 이 엘리베이터가 무한한 높이에 도달하게 된다면…….'

'그것이 무한히 떨어진다면…….'

'끈이 끊어지면 엘리베이터 안에 있던 사과는 같은 속도로 떨어질 것이니, 사과는 엘리베이터의 바닥에 떨어지지 않고 공중에서 멈춰 있지 않을까?'

‘사과뿐만이 아니다. 인간도!’

‘여기에 있는 사람들은 줄이 끊어지는 순간 모두 공중에 떠 있는 듯한 느낌을 받을 거야.’

호기심은 번뜩이며 꼬리에 꼬리를 물었고, 그 후 이 착상을 깊이 파헤쳐 갔다. 그리고 결국에는 뉴턴 역학을 대신할 만한 혁명적인 이론을 확립하기에 이른다. 이 이론에 의해서 인류는 우주로 여행을 떠날 수도 있게 되었다. 과학에 대한 그의 공헌도는 절대적인 것으로, 그에 비할 자가 없다.

천재로서의 이름을 널리 떨쳤지만, 그 발상의 근원에는 호기심, 기지, 연상, 그리고 한 우물만을 파는 인내심이 있었던 것이라고 생각한다.

서른 살에 성장이 멈춰 버린 사내에 비한다면, 이 소년은 호기심 덩어리. 성장이 멈춘다는 것은, 다시 말하자면 이 호기심을 잃어버리게 된다는 것을 의미하는 것이 아닐까? 천재란 결코 재능의 산물이 아니라고 생각한다.

인터넷 시대, 비즈니스맨은 끊임없이 밀려드는 정보의 홍수 속에 빠져 버린 꼴이 되어 버리고 말았다. 정보는 밥줄이 되어 주는 수도 있지만, 사실 정보 그 자체에 가치가 있는 것은 아니다.

정보를 받아들이는 안테나가 확실하게 제 기능을 발휘하고 있는가가 문제인 것이다. 즉 보내지는 정보보다도 받아들이는 사람의 감성, 감도, 감각이 중요한 것이다.

예를 들어서 어떤 신문 기사를 보거나, 강연에서 누군가의 이야기를 듣거나, 상사로부터 지도를 받거나, 무엇이든 상관없다. 하지만 이때 '앗! 이게 어떻게 된 거지?'라며 호기심이 발동하느냐 마느냐, 당신의 안테나에 걸려드느냐 마느냐, 이것이 문제인 것이다.

쉽게 말해서 같은 정보가 흘러 들어와도 텔레비전처럼 흐릿하게 보이는 것과 선명하게 보이는 것으로 나뉘게 된다. 그런데 이것이 비즈니스 정보라고 한다면, 그 차이는 하늘과 땅만큼 달라지게 될 것이다.

안타깝게도 단순한 호기심만으로는 정보가 아이디어나 기지로 발전하지 못한다. 거기에 문제 의식이 없으면 호기심은 호기심 그대로 사라져 버리는 덧없는 것이 되어 버리고 만다. 문제의식은 테마라는 말로 대신해도 좋을 것이다.

문제 의식만 가지고 있다면 호기심이 솟아오르고, 그것이 착상, 아이디어, 기획, 제안으로 발전하여 일에 크게 도움을 주는 구체적인 안으로 승화되어 갈 것이다.

그렇다면 과연 문제 의식을 가지고 있는지? 문제 의식만 가지고 있다면 의외의 한마디, 조그만 정보라 할지라도 당신을 성공으로, 억만장자로 인도할 수 있을 것이다.

찬스가 내게로 날아든다!

그렇다면 당신이 평소에 어느 정도 문제 의식을 품고 있는지를 체크해 보기로 하겠다.

다음 문제에 답해 보기 바란다.

'오늘 조간의 일 면 톱 기사는 무엇이었나?'

'그렇다면 그 밑에 쓰여 있던 기사는 무엇이었나?'

'그리고 그 왼쪽 옆의 기사는 무엇이었나?'

기억력을 테스트하려는 것이 아니다. 얼마나 문제 의식을 가지고 있는가를 체크하려고 하는 것이다.

이들 문제에 즉석에서 대답할 수 있는 사람은 아마 첫 번째 문제에서 20%, 두 번째 문제에서는 10%, 세 번째 문제에서는 5% 정도일 것이다(내가 주재하고 있는 경영자들의 공부를 위한 모임에서도 이 정도였다).

비록 일 면 톱에 커다랗게 게재된 기사라 할지라도, 문제 의식이 없다면 당신의 기억에는 남아 있지 않을 것이다. 일과는 직접적으로 관계없는 사건 같은 것, 정부·국민에게는 제아무리 중대한 사건이라 할지라도 당신의 '일하는 데만 움직이는 뇌'는 그것을 기억하려 들지 않는 것이다.

하지만 만약 당신의 문제 의식을 자극하는 키워드가 있다면, 단 한 줄짜리 기사라 할지라도 선명하게 기억에 남아 있을 것이다. 예를 들어서 '장기 금리 급상승!'이라는 한 줄을 보는 순간, '환율이 오를까 내릴까', '수출이냐 내수냐, 어느 쪽을 우선시해야 하는가?', '주식을 어떻게 처리해야 할까?'라며 머리가 정신없이 움직이기 시작할 것이다.

이것도 문제 의식에 자극을 받았기 때문에 당신의 뇌가 컴퓨터처럼 가동하게 된 것이다. 문제 의식이 없었다면 계속해서 휴면 상태에 있었을 것이다.

따라서 일을 잘 하는 사람, 아이디어가 풍부한 사람은 단순하게 호기심이 강한 사람이 아니라는 사실을 알 수 있을 것이다. 그들은 '호기심+구체적인 문제 의식'을 가지고 있는 사람들이다.

'어떻게 해야 좀더 개선을 할 수 있을까?'

'이 부품을 개량하려면 어떻게 하면 될까?'

언제나 일에 대해서 문제 의식을 품고 있는 사람은 텔레비전을 볼 때도, 음악을 들을 때도 아이디어에 대한 생각으로 가득차 있다. 그러면 찬스를 잡을 수 있을 뿐만 아니라 찬스가 날아들게 된다. 신기한 일이지만, 그렇게 되는 법이다.

호기심은 비즈니스에서도
커다란 효과를 발휘한다

호기심을 좀더 알기 쉽게 표현하자면 '눈여겨보고 있는 점', 문제 의식은 '어려움을 겪고 있는 점'이라고 달리 말할 수 있지 않을까?

어려운 점이 있다 하더라도, 그것을 날카로운 시선으로 바라본다면 얼마든지 개선점이 떠오를 것이다.

예를 들어서 컴퓨터. 통신 판매에서는 초보자를 위해서 여러 가지 프로그램을 갖춘 컴퓨터를 판매하고 있는데, 두세 번 구입한 사람, 혹은 나처럼 몇 대를 동시에 사용하고 있는 사람에게 있어서 사용하지 않는 프로그램은 백해무익한 것이다. 움직임이 둔해질 뿐이다. 그래서 일부러 프로그램을 삭제해서 사용하고 있다. 신기하게도 서비스의 부족한 부분에 대해서는 민감하게 반응

하지만, 넘쳐나는 부분은 좀처럼 깨닫지 못하게 되는 법이다.

그런데 지금 세계 시장을 석권하고 있는 델 컴퓨터는 소비자가 원하는 사양대로 소프트웨어와 하드웨어를 조합하여 배달을 해준다. 같은 통신 판매라도 델 컴퓨터는 상당히 좋은 평가를 얻고 있다(나도 세 번째부터 열 번째 컴퓨터는 전부 델 제품).

그런데 이 회사가 두각을 나타내기 시작한 것은 '80년대 후반이다. 창업자인 마이클 델이 런던의 석유 회사인 브리티 시 페트롤리움(BP)을 방문한 것이 전환점이 되었다.

BP의 담당자가 건물의 한 층을 가리키며 말했다.

"이 층은 전부 컴퓨터를 초기 설정하기 위해서만 쓰여지고 있는 공간입니다."

마이클이 바라보니, 수많은 사원들이 초기 설정을 위해서 컴퓨터를 상자에서 꺼내 전용 소프트웨어와 카드를 인스톨하고 있었다. 물론 그때 업무와는 관계없는 불필요한 소프트웨어는 삭제를 하고 있었다(나의 옛날 모습 그대로다). 안 그래도 비싼 집세를 내고 있는 사무실에서 이런 쓸데없는 작업이 끝도 없이 행해지고 있다는 사실에 입을 다물 수가 없었다.

그때 마치 불평이라도 하듯 그 담당자가 말했다.

'이 작업(소프트웨어를 입력하고 삭제하는 작업)을 해준 뒤에 납품을 해준다면 우리 회사로서는 큰 도움이 될 텐데. 이 공간도 필요 없고 경비도 절감할 수 있을 거예요.'

마이클은 바로 이 제안을 받아들였다. 그뿐만 아니라 같은 문제로 골머리를 썩고 있는 사용자가 얼마나 되는지를 조사했다. 그러자 시장이 놀랄 만큼 넓다는 사실을 알게 되었다. 곧 델은 속속 주문을 받아 납품을 했고, 순식간에 컴퓨터 시장을 석권하게 되었다.

상대가 '어려움을 겪고 있는 점', 바로 이것이 문제 의식이다. 그리고 '눈여겨봐야 할 점', 바로 이것이 개선점이다. 이 두 가지만 있다면, 비즈니스 찬스는 얼마든지 펼쳐질 것이다.

'집단의 지식 경영 효과'를 설치하라!

'일을 잘 하는 사람'도 재능만으로 성장하는 것은 아니다.

재능이란 호기심을 갖게 되는 능력이며, 노하우란 배우고 익힌 것이며, 경험이란 지식과 감성으로 남아 있는 실적을 말하는 것이다. 호기심과 노하우, 그리고 경험을 쌓으면, 저절로 자신의 머리로 일을 하고 성과를 얻을 수 있게 된다.

같은 일을 하더라도 자신의 머리로 생각해서 일을 하는 사람이 있는가 하면, 타인의 머리로 일을 하는 사람도 있다. 이 차이는 전부 일하는 모습에서 나타나기 때문에 두려워하지 않을 수 없는 것이다.

만약 자신의 머리로 생각하는 사람만이 모인 집단이라면 도깨

비 방망이. 어떤 불황이 찾아와도 성적은 계속해서 오를 것이다.

한 판매 회사의 예인데, 여기서는 매월 한 지역을 정해서 그 곳에 있는 모든 곳을 단 한 군데도 남김없이 방문하여 세일즈를 하고 있다. 취급하고 있는 상품은 업무용 복사기기. 고액 상품이기 때문에 그렇게 간단하게 계약이 이루어지는 것은 아니다. 방문을 하면 이야기를 들어주기는커녕 명함조차도 받아주지 않는 곳이 많다.

그런데 그들은 짧은 시간에 수많은 정보로 무장을 하여 성과를 올리고 있는 것이다. 그 비결은, 자신들의 머리로 생각하고 정보를 서로 지식화, 공유화한다는 것이다.

예를 들어서 세일즈를 시작한 지 한두 시간이 지나면, 영업 사원들이 삼삼오오 약속된 찻집으로 모여들기 시작한다.

"힘들다. 전혀 말도 못 붙여 봤어."

"나는 딱 한 군데서 얘기를 했어."

"대체 어떻게 한 거야?"

"물건을 팔러 온 게 아니라 앙케트 조사를 하러 왔다고 하고 안으로 들어갔지."

"그래? 나도 한 번 해봐야지."

"나는 복사기를 점검하러 왔다고 하고 계약 기간을 체크하고 왔어. 다음 계약 갱신 시기 직전에 다시 세일즈를 해보려고 해."

같은 주제를 바탕으로 실천적인 지식을 끊임없이 제안하는 것
이다.

'좋았어. 다음에는 오후 3시에 모이자. 그때 어떤 방법
이 가장 효과가 있었는지 서로 이야기하자.'

영업 사원들은 일제히 밖으로 나선다. 그리고 시간이 되면 다
시 새로운 지식을 가지고 오는 것이다. 처음에는 그다지 쓸 만한
이야기가 없었지만, 한 시간, 두 시간, 세 시간, 네 시간, 이틀,
사흘, 나흘, 시간이 흐르는 동안 점점 가능성이 있는 고객이 늘
어 갔다.

개인적으로 능력을 갈고 닦아서 성적을 올리는 사람도 수없이
많지만, 방법에 따라서는 팀이나 그룹 단위로 한꺼번에 능력을
향상시킬 수도 있는 것이다. 그 방법이란 멤버 전원에게 어떤 테
마(이 경우에는 '복사기기'의 판매)에 대해서 호기심을 갖게 하고, 공
격해야 할 시장에 대한 정보를 쌓아 서로 접근 방법을 제안하고
시행착오를 겪게 하면서 가장 효과적인 방법을 처음부터 쌓아

올리게 하는 방법이다.

　이 방법을 나는 '집단 놀리지(knowledge) 매니지먼트 효과'라고 부르고 있는데, 상상 이상으로 효과가 있다. 왜냐하면 '세 명이 모이면 뛰어난 지혜'가 나오기 때문이다.

발상뿐만 아니라,
마음껏 연상·공상·몽상해 본다

'어른의 일'은 재미있다.

그 이유는 먼저 창의적인 생각을 하는 것이 매우 즐겁기 때문이다. 그 결과가 바로 나타나는 것이 또한 즐겁다. 그리고 결과에 대한 칭찬, 존경, 혹은 질타나 격려가 있기 때문에 자극을 받게 된다. 이것이 또한 재미있다.

따라서 일이 취미, 일이 레저인 사람도 적지 않다.

그런데 이 즐거운 일을 더욱 부가 가치가 있는 것으로 만들고 싶다면, 일뿐만 아니라 놀이나 공부 등에도 더욱 힘을 쏟는 것이 중요하다. 왜냐하면 모든 정보는 어딘가에서 반드시 상통하기 때문에 하나를 들으면 열을 아는 것, 어떤 정보를 받아들여서 다른 일을 연상해 보는 것, 다른 업종의 아이디어를 들으면 그것을 자신의 업계·우리 회사·내 일에 어떻게 응용할 수는 없을까 머리를 짜보는 것……, 이 모든 것이 도움이 되기 때문이다.

모든 일에 공통적으로 말할 수 있는 것은, 남의 일이라고 생각하지 말고 자신의 일이라고 생각하고 대처할 것. 이런 자세가 '어른의 일'을 할 때는 매우 중요한 것이다.

예를 들어서 지금 전국적으로 '라면 박물관', '라면 스트리트'가 들어서고 있다(한곳에서 전국 각지의 라면을 맛볼 수 있도록 라면 가게들을 모아놓은 일종의 라면 백화점 – 역자 주). 공동화 현상이 일어나고 있는 시골 여기저기서 지역 부흥을 위해 적극적으로 유치하고 있다. 현재 전국에 30개소가 있는데, 2004년에는 12개소가 오픈을 할 예정이다. 틀림없이 앞으로도 더욱 늘어날 것이다. 실제로 다른 지방에서도 수많은 고객들이 모여들고 있다.

그런데 이 아이디어는, 지금 큰 인기를 누리고 있는 신요코하마 라면 박물관을 흉내 낸 것이라는 사실은 굳이 말할 필요도 없을 것이다. 그렇다면 이 신요코하마 라면 박물관이라는 기획 자체는 도대체 어디에서 온 것일까?

나는 이 '박물관'이라는 것을 처음 본 순간 알 수 있었다.

전국 에키벤 대회는 게이오 백화점이 자랑하고 있는 유명한 이벤트며, 삿포로 라면 골목은 '미소 라면(된장 라면 – 역자 주)'이라는 메뉴로 고객을 모으는 데 성공한 기획이다. 라면 박물관은 이들의 아류라고 할 수 있겠지만, 훌륭한 아류라고 생각한다. 전국에 있는 유명 라면 가게들을 설득하여 한곳에 모아놓은 노력, 1950~60년대를 연상케 하는 복고풍으로 통일된 비일상적인 공간의 연출. 이것이 테마 파크로써 성공한 것이다. 거품 경제가 붕괴되고 디플레이션 시대로 접어들게 된 것도 큰 원인이다.

백화점의 전국 에키벤 대회를 보고 '도시락 대신 라면을 팔면 재미있겠는데. 어쩌면 성공할 수 있을지도 몰라. 엑스포처럼 특별 전시관을 지으면 재미있을 거야. 관내를 디즈니랜드처럼 비일상적인 공간으로 만들면 더 재미있겠지'라는 생각을 할 수 있을지?

여기서 승부가 갈린다. 발상은 어렵겠지만, 연상은 할 수 있을 것이다. 공상, 몽상이어도 좋다. 그것을 한없이 부풀려 가는 것이다. 그리고 연상에 이은 연상을 한 뒤 분석을 해본다.

　그러면 '누구나 알고 있는 유명한 음식'을 '한자리에 모은다'
는 제안이 부가 가치라는 사실을 깨닫게 될 것이다.

여기에 주목하라!

전자 제품들을 한곳에 모아놓으면 수도권에서는 아키하바라(오사카라면 니혼바시)가 될 것이다.

이것도 훌륭한 테마 파크이자 특별 전시관이다.

카레 전문점을 한곳에 모아놓으면 카레 박물관(요코하마)이 되며, 만두를 한곳에 모아놓으면 이것은 만두 스튜디오(이케부쿠로)가 된다. 만약 전국의 쌀을 한곳에 모아놓은 테마파크가 생긴다면 '주먹밥 골목'이 될지도 모르겠다.

돈벌이의 소재는 여기저기에 널려 있다.

나날의 일, 생활 속에서의 상품, 서비스의 데이터를 유심히 관찰해 둔다. 그리고 '화제성', '신기성(新奇性)', '정보성'에 예민한 것을 향해서 민감하게 안테나를 세워둔다.

감이 뛰어난 사람은 다른 업종을 세심하게 관찰한다. 화제에 오른 장소, 상품은 반드시 체크를 해둔다. 이는 흉내를 내기 위해서가 아니라, '좀더 색다른 고안'을 할 수 있도록 아이디어를 연상하기 위해서다.

예를 들어서 다음과 같은 일에 주목하는 것만으로도, 성과를 올릴 수 있을 것이다.

'최근 갑자기 팔리기 시작한 상품은 무엇인가?'

'오랫동안 팔리고 있는 상품은 무엇인가?'

'잘 팔리고 있는 아이템은 무엇인가?'

'메이커 측이 의도했던 사용 방법과는 달리, 색다른 방법으로 사용되고 있는 상품은 무엇인가?'

'지난달과 비교해서 판매량이 늘어난 상품은 무엇인가?'

판매량이 늘어나고 있는 상품이라면, 판매량을 더욱 늘리기 위해서 어떻게 하면 될지를 생각해 보기 바란다. 잘 팔리는 상품에는 잘 팔릴 만한 이유가 있기 때문이다. 판매량이 늘어나고 있는 상품에는 판매량이 늘어날 만한 무엇인가가 있다. 잘 팔리는 상품에 조금만 더 힘을 쏟는다면, 판매량을 훨씬 더 늘릴 수 있다. 그만큼의 가능성을 가지고 있다.

이런 일에 신경을 쓰는 것만으로도, '아, 이렇게 하면 매출액이 확실하게 늘어나는구나!'라며 매출을 신상시킬 수 있는 요령에 눈을 뜨게 된다.

히트 기획, 히트 상품, 히트 서비스에 주목했다면, 이번에는 그것에 노동력에서부터 판매 경비, 선전비, 광고비에 이르기까지의 모든 것을 동원하자. 어떤 회사라도 물 쓰듯이 경비, 시간, 인원을 투자할 수는 없다. 모두가 한정되어 있다. 그렇다면 이 부분에 힘을 기울이고 집중한다. 그렇게만 할 수 있다면 성공을 손 안에 넣을 수 있을 것이라고 생각하는데, 과연 그렇지 않겠는가?

불가능을 가능으로 만드는 발상법

"그건 안 돼."
"어렵습니다."
"불가능할 겁니다."

해보지도 않고서 간단하게 안 된다고 말해 버린다. 듣는 사람도 일목요연한 이유를 듣게 되면 '그런가?' 하며 자신도 모르게 믿어 버리게 된다.

하지만 아니다. 할 수 없다는 불가능을 가능하게 만든 사례는 이 세상에 얼마든지 있다.

예를 들어서 이런 유명한 이야기가 있다. 예전에 도요타 자동차에서 '개선의 왕자'라는 별명으로 불리던 오노 티이이치(人野

耐一) 씨(전 부사장)가 제조 과장을 불러서 이런 질문을 한 적이 있었다.

과장은 말도 못하게 야단을 맞았다.

만 대를 생산하기 위해서는 80명이서 5천대를 생산하는 공장을 두 개 준비하면 된다. 더하기라면 이것은 정답이다. 하지만 이것은 '아이의 일', '어린 심부름꾼'이 아니겠는가?

'어른의 일'은 다른 것이다. 효율성, 상승 효과, 능률을 추구하여 생산성을 향상시키는 것이다.

오노 씨의 질문은 덧셈에 대한 답을 가르쳐 달라는 것이 아니었다. '노동력을 더하지 않고 생산성을 올릴 수 있는 방법은 없을까?'라고 물은 것이었다. 질문을 받는 순간, 우선 이것을 깨닫지 못하면 안 된다. 대체 '개선의 왕자'라고 불리는 의미는 어디에 있는 걸까? 이 사람의 질문은 언제나 생산성에 관한 것이 아니었던가? 그것이 주제라는 것을 연상해 내지 않으면 안 된다.

결국, 이 과장은 기계나 생산 라인의 효율화, 강력화 등을 추진하여 백 명으로 만 대를 생산해 내는 공장을 만들어 내는 데 성공했다. 만약 5천 대 생산에 만족했다면, 이와 같은 생산 체제는 갖추지 못했을 것이다.

덧셈으로 생각하고 있는 한, 효율은 오르지 않는다. 머릿속 발상을 바꾸기 위해서는, 달성한 순간 바로 장애물의 높이를 높이지 않으면 안 된다. 자신을 철저하게 궁지로 몰고 가야만 불가능을 가능으로 만들 수 있는 것이다.

'안 된다.'
'어렵다.'
'불가능하다.'

이런 말들은 사실 존재하지 않는 것들이다. 왜냐하면 불가능한 일이란 존재하지 않기 때문이다.

불가능이라고 말할 수 있는 경우는 다음의 세 가지가 있을 뿐이다.

혼자서는 불가능하다.
지금 당장은 불가능하다.
지금까지의 수단(방법, 구조, 조직, 시스템 등)으로는 불가능하다.

이들 불가능을 가능으로 전환시켜 버리자.

팀을 짜서(프로젝트, 네트워크 등) 하면 가능하다.

시간을 들이면 가능하다(계획, 순서, 단계 등을 생각한다).

수단을 혁신한다(기계화, 로봇화, 인원 일신 등).

　불가능한 것이 아니라, 가능하게 만들 수 있도록 발상을 전환하지 않기 때문에 언제까지고 불가능하다고 생각해 버리게 되는 것이다. 발상을 전환할 수만 있다면, '그것은 불가능합니다'라고 간단하게 대답하는 일은 없을 것이다.

도요타 개선 탄생의 배경에는
이런 비밀이 있었다

말이 나온 김에 도요타 자동차의 경우를 더 소개해 보겠다.

'필요한 것을 필요할 때에 필요한 양' 생산, 들여와서 쓸데없는 재고나 부품을 방지하자는 생각으로 '저스트 인 타임'이라는 것이 있다.

어떻게 이런 생각이 태어나게 되었을까?

원래 도요타 자동차는 자사 공장이나 하청 업체, 협력 공장의 가동률을 높이기 위해서 주문이 없는데도 예상 생산으로 이들을 가동시키고 있었다. 이렇게 하면 공장을 언제나 가동해야 하기 때문에 일을 하고 있는 것처럼 보인다. 하지만 실제로는 판매할 곳이 결정되어 있는 것이 아니기 때문에, 결과적으로는 제품이

남아돌게 된다.

어떻게 해야 이들 남아도는 제품을 없앨 수 있을까?

이를 위해서 개발된 것이 '간판 시스템'이다. 간판 시스템이란 뒤에 행해지는 공정이 앞선 공정에 '필요한 부품의 종류와 수량, 납품 시기 등'을 전달해 주는 수단. 주문이 적힌 간판(작업 지시서)을 받아 그것을 바탕으로 생산하는 방법이다. 지금은 전자화도 진행 중에 있다.

수주 후에 생산하기 때문에 만들어 놓은 제품이나 부품에 재고는 전혀 없다.

이것은 혁명적인 제조 방법이었다. 한때 관련 부품 공장이 화재나 지진으로 멈춘 적이 있었는데, 이것도 라인이 '멈춘 것'이 아니라 '멈추게 한 것'이었다. 그 증거로, 안전 조업이 확인되자 다시 시스템을 가동했다.

이때의 사건을 우연히 발생한 보기 드문 경우라고 생각하지 않고, 도요타는 이를 교훈으로 삼았다.

그리고 어떻게 했겠는가?

어떤 자동차에도 유용할 수 있도록 가능한 한 많은 차종에 공통되는 부품과 플랫폼을 준비한 것이었다. 어떤 사건이 터지게 되면 이쪽 부품을 저쪽 라인으로 돌린다. 또 그쪽 부품을 이쪽 부품으로 보완하는 식으로 생산 조정이 가능하도록 했다. 바로 이것이 '버퍼(buffer, 완충 장치 – 역자 주) 매니지먼트'다.

예를 들어서 자체 좌우의 강판을 용접하는 공정이 그렇다. 예전에는 이것을 전륜 주변, 앞문, 뒷문, 후륜 주변 등의 네 부분으로 나눠서 프레스했기 때문에 그것을 가용접하기 전에 일체화하는 공정이 필요했는데, 그때 용접 부분이 어긋나지 않도록 치구(治具)를 사용했다. 그런데 이 네 장의 판을 한 장으로 만드는 대형 프레스를 도입함으로써 어긋나는 문제를 해결해 버렸다. 프레스기의 투자에는 물론 경비가 든다. 하지만 50종류나 되는 치구가 불필요해지는 등, 그보다 더 커다란 효과를 얻을 수 있었다.

'이러한 것은 단순한 개선만으로는 얻을 수 없는 것입니다. 생산 기술의 근본적인 수정, 생산 기술의 혁신이 필요'(히라미즈 부사장)하다는 지적대로다.

'집중력의 피크 매니지먼트'를
철저하게 활용하라!

불가능을 가능으로 만드는 계기가 되는 것은 누가 뭐라고 해도 사고 방식, 발상, 마음가짐 등이라고 할 수 있겠지만, 그것만이 전부라고는 할 수 없다.

열의와 방법론을 가지고 있지 못하면 구체적인 작업을 무엇 하나 할 수 없을 것이기 때문이다.

이와 함께 중요한 요소가 한 가지 더 있다. 집중력. 이것이 포인트다.

3만 명이 넘는 경영자와 비즈니스맨들을 만나보았지만, '불가능을 가능하게 만든 사람들'은 모두가 뛰어난 집중력을 가지고 있었다. 주위를 둘러보면 알겠지만, 모두가 불가능하다고 생각하고 있는 일을 어떻게 해서든 가능하게 만든 사람들은 모두가 뛰어난 집중력을 가지고 있는 사람들이 아니었는지?

'저런 집중력을 보이다니, 사람이 아니야!'

이런 사람들이 많을 것이다.

몇 번이고 이야기하지만, 물도 압력을 가해서 한곳에 집중시키면 두께 30cm나 되는 철판을 아주 간단하게 뚫어 버리는 법이다. 이것 역시 집중력 이외의 그 무엇도 아니질 않은가? 하물며 인간이다. 집중력이 있으면 불가능한 일도 가능하게 만들 수 있는 것은 매우 당연한 일이다.

기업 재건으로 정평이 나 있는 두 인물, 즉 닛산 자동차의 카를로스 곤 씨나 GE 중흥의 기수인 잭 웰치 씨의 집중력은 참으로 놀라운 것이다. 예를 들어서 곤 씨에 대해서, 그의 부인은 그를 처음 만났을 때 '대단한 집중력을 가진 사람이다!' 라며 놀랐다고 한다. 가까운 미래에 아내가 될 사람과의 첫 데이트 중, 바로 조금 전까지 하고 있던 브리지(카드놀이)의 전법에 대해서 짝이었던 친구와 함께 열띤 토론을 벌였던 것이다. 웰치 씨도 마찬가지로, '집중력만은 누구에게도 지지 않는다!' 라며 언제나 자랑을 하고 있지 않은가?

그렇다면 집중력이란 과연 무엇일까?

'해야 할 때에 해야 할 일을 야무지게 해내는 능력'이라고 정의해 두겠다. 집중력은 시기를 놓치면 아무런 효과도 없다.

지금 해야만 할 일이라면 지금 바로 한다. 뒷전으로 미루거나 나중으로 연기하면 실패를 부를 뿐이다. 이는 정치나 비즈니스에서도 마찬가지다.

'그때 해뒀더라면 지금쯤은……'이라고 후회를 해봐야 소용없는 일이다. 힘이 넘쳐 날 때 해야 할 일을 해치워야 한다. 집중할 수 없다면 차라리 다른 사람에게 넘기는 편이 나을 것이다.

집중력은 분산했던 힘을 한순간에 한곳으로 모으는 능력을 말한다. 실력이 좋더라도 그것을 여기저기로 분산시켜 버리면 힘을 모을 수가 없다.

당신이 리더라면 부하들의 힘을 결집한다. 사원의 힘을 한 점으로, 한 방향으로 향하게 한다. 벡터(vector)를 한곳으로 모으는 것이 중요하다. 개인적으로도 자신은 과연 언제 집중력을 최대한으로 발휘할 수 있는가, 이끌어 낼 수 있는가를 언제나 생각해 두어야 한다. 바이오 리듬을 통해서 발견해도 좋고, 일의 리듬에 맞춰 집중력을 발휘해도 좋다.

일류급 인간, 성공하는 사람들은 자신이 어떤 상태에 있어야 집중력을 최대한으로 발휘할 수 있는가를 잘 알고 있다. 그런 만큼 집중력을 최대한으로 발휘할 수 있을 만한 환경 만들기에도 능숙하다.

필요할 때에 최고의 집중력을 이끌어 내는 것을 나는 '집중력의 피크 매니지먼트'라 부르고 있다.

집중력이 부족한 운동 선수는 성공하지 못한다

'집중력의 피크 매니지먼트'에 대해서는 동서고금의 수많은 사람들이 여러 가지로 궁리를 해왔다.

특히 스포츠계에서는 집중력에 따라서 승부가 판가름 나기 때문에 이를 예로 들면 알기 쉬울지도 모르겠다.

예를 들어서 오 사다하루(王貞治) 감독(후쿠오카 다이에 호크스)은 현역 시절, 타석에 들어서면 언제나 홈베이스를 방망이로 몇 번 두드렸다. 그의 말에 의하면, 이 행동은 '이 위를 통과하는 공은 전부 칠 수 있다'고 자기 암시를 거는 것이었으며, 그와 동시에 이 의식을 통해서 단번에 '집중력'을 향상시켰다고 한다.

마찬가지로 이치로 선수(시애틀 마리너스)가 방망이를 몇 번 돌리다가 투수 쪽으로 높이 치켜올리는 의식, 마쓰이 히데키 선수

(뉴욕 양키스)가 타석에서 어깨를 리드미컬하게 들썩이는 의식……, 이 모두가 단번에 '집중력'을 향상시키기 위한 노하우인 것이다.

메이저리그의 홈런왕 베이브 루스가 회전하는 레코드의 라벨을 읽는 연습을 한 것도 바로 그런 것이다. 결국에는 공의 실밥이 보일 정도로까지 집중력이 향상되었다고 한다. 평범한 집중력이 아니라 최고의 집중력을 이끌어 내기 위해서 그 역시도 남모르는 연습을 성실하게 수행하고 있었던 것이다.

일본인 중에서도 '공의 실밥이 보인다'와 같은 표현을 쓴 인물이 있다. 조금 오래 전 이야기지만, 타격의 달인 가와카미 테쓰하루(川上哲治) 씨(요미우리 자이언츠 9연패 시절의 감독. 현 고문)다. '공이 멈춘 것처럼 보였다'라고 그는 표현했는데, 후에 본인에게 확인을 해보니 정말로 멈춰 있는 것처럼 보였다고 한다. 그가 좌선이나 이아이(居合, 앉은 자세에서 칼을 뽑음과 동시에 적을 치는 무예 – 역자 주)로 집중력을 개발했다는 것은 유명한 이야기다.

물론 그 외에도 여러 가지 방법이 있다. 예를 들어서 스모(일본 씨름 – 역자 주)에서는 역사 자신들이 집중력을 이끌어 내려고 노력하기도 하지만, 씨름을 시작할 때의 의식이 자연스럽게 집중력을 향상시킬 수 있도록 되어 있다.

승부 시간은 고작해야 평균 10초 정도에 지나지 않는다. 그럼에도 불구하고 그들이 준비실에 들어가는 것은 네 시간도 더 전이다. 그리고 그날의 '한판 승부'가 벌어지기까지 가만히 정신

을 집중하는 것이다. 몇 번 관전을 한 적이 있는데, 대전을 앞두
고는 살기가 감돌아 감히 말을 걸 수가 없을 정도였다. 그 정도
로 집중을 한다.

그리고 순서가 되어 씨름판에 오르면, 이번에는 심판이 양 선
수 사이에서 '마주 보고, 마주 보고'를 외친다. 서로를 마주 보
던 선수들은 돌아서서 소금을 뿌리고는 다시 몇 번이고 '마주
보고, 마주 보고'를 반복한다. 자신도 모르게 집중력이 생기고
투쟁심이 솟아오르게 되는 것이다.

프로 스포츠 선수들은 자기 나름대로 집중력을 개발하기 위한
독특한 방법을 가지고 있는 법이다. 승부의 세계에서 살아가고
있기 때문에, 집중력이 얼마나 중요한 것인지를 잘 알고 있는 것
임에 틀림없다.

하루를 8시간씩 세 등분하는
'어른의 일하는 법'

나는 여러 가지 집중력 개발법을 가지고 있다.

하지만 가장 효과적인 것은 '아침 네 시에 일어나는 생활'이 아닐까 생각한다. 집중력이 향상될 뿐만 아니라, 그 이상의 효과가 있다.

그것은 아침 네 시에 일어나면 오전에 8시간 일을 할 수 있다는 점이다. 물론 오후에도 8시간 일을 하고 있기 때문에 나는 오전, 오후, 그리고 야간, 하루를 8시간씩 세 등분하여 생활을 하고 있는 셈이다.

그런데 오전과 오후에 하는 일은 그 내용과 성질이 전혀 다른 것이다.

구체적으로 말하자면, 오전에는 과거에 의뢰를 받은 일, 즉 원고의 집필이나 비즈니스 스쿨에서 사용할 자료 만들기, 컨설팅 전략 짜기, 기획서 만들기 등과 같은 일을 한다.

'그럼 오후에는?' 이라고 묻는다면, 미래의 일을 위해서 사용하는 시간이라고 말하겠다. 대부분의 시간을 회의, 컨설팅 상대 방문 등의 일에 사용하고 있다. 최근에는 강의, 강연 등을 할 일이 갑자기 생기곤 하는데, 이는 불규칙한 것이지 정형화된 생활 리듬은 아니다. '하루 종일 일?' 이라는 오해를 사곤 하는데, 사실 원래 해야 할 일은 오전 중에 전부 마쳐 놓는다.

낮 12시를 경계로 오전 8시간, 오후 8시간의 생활 방식을 완전히 바꿔 버리는 것이다. 내가 좋아하는 만담은 물론 오후 시간에 한다. 그리고 수면 시간은 6~8시간으로 충분히 수면을 취하고 있으니, 하루 24시간을 정확히 세 등분하여 그 리듬에 맞춰 살아가고 있는 것이다.

일을 할 때는 누구에게나 '좋고 싫음', '잘 하는 것, 못하는 것', '하고 싶은 것, 하기 싫은 것'에 대한 차이가 있을 것이라고 생각한다. 하지만 일뿐만 아니라 시간이나 집중력에 있어서도 사실은 차이가 있을 것이다. 예를 들어서 '이 시간은 의미 있는 시간이었다=집중력이 강했던 시간'이며, '대체 무엇을 했었나? =집중력이 약했던 시간'이라는 것이다.

이렇게 강약이 있는 집중력을 조금이라고 강하게 하기 위해서는 좋아하는 일, 잘 하는 일, 하고 싶은 일로 만드는 것이다. '노력하는 것'노 재능이지만, '좋아하노록 하는 것'은 더욱 큰 재능이라고 말해도 좋으리라 생각된다. 아니, 그것은 어쩌면 신께서 내려주신 선물일지도 모르겠다.

세 등분하여 일하는 법에 있어서도 기본적으로는 좋아하는 일, 잘 하는 일을 마음껏 해나간다. 싫어하는 일, 잘 못하는 일은 잘 하는 사람에게 맡겨 버린다. 이 역할 분담을 거침없이 실시하고 있기 때문에 불가능한 일도 가능하게 만들어 버릴 수 있는 것이리라.

'어른의 일'은
이 세 가지 시나리오로
성공을
이끌어 낸다

5

카 네비게이터의
리루트 기능을 갖추어라!

<u>'이 일, 한 사람이나 두 사람으로는 불가능한</u>
<u>가?'</u>

사장이 경리부에 갑자기 나타나서 이런 질문을 했다.

그 회사에서는 재무를 담당하고 있는 부서에서만 열 명이 넘는 사람들이 일을 하고 있었다. 누가 뭐래도 이건 너무 많은 숫자다.

"거래하고 있는 은행이 많아서 불가능합니다."
"그래? 알았네."

그리고 어떻게 했을까?

단번에 거래 은행의 숫자를 줄여 버렸다.

은행이 많아서 대응하는 직원을 늘릴 수밖에 없다면, 반대로 거래 은행을 줄여 버리면 된다. 그렇게 하면 직원을 줄여도 상관없다.

이 대처법은 옳은 것이다.

'어른의 일'은 결론부터 생각하는 것이다. 이 경우에 대해서 이야기하자면, '필요 이상의 인원은 잘라내자', '그 인원을 다른 중요한 일에 활용하자'는 것은 정답이다.

이것이 방침인 것이다. 정답이란 방침을 의미한다. 이것만 결정된다면 나머지는 어떤 과정을 거칠 것인가를 생각하면 되는 것이다.

퇴직을 시킬 것인가?

이 방법은 많은 마찰을 불러일으킬 수 있다. 그렇다면 금융 기관을 줄여 버리면 된다. 즉 거래를 개선하는 것이다.

요즘 금융 기관으로부터 개선할 것을 통보받는 기업이 적지 않나. 이 회사는 재정이 탄탄하기 때문에 그럴 염려는 없었지만 금융 기관도 거래처와 딱딱한 관계가 되어 버린 이상, 눈 딱 감고 자신들이 먼저 개선을 해버리면 되는 것이다.

그렇다면 임기응변으로 대처하기 위해서는 어떻게 하면 되는 것일까?

요령은 사전에 시나리오를 준비해 두는 것이다. 이것이 가장 효과적이다. 옛날부터 '유비무환'이라고 하지 않았는가?

그 누구도 앞일을 예측할 수는 없다. 사태는 시시각각으로 변한다. 일은 살아 있기 때문이다.

그런 속에서 확실하게 정답을 이끌어 내기 위해서 '이런 경우에는 이렇게 하겠다. 저런 경우에는 저렇게 하겠다'라는 식으로 시나리오를 몇 개 만들어 놓을 것. 불의의 사태에 빠지게 된 경우라도 미리 대책을 강구해 두면 침착하게 정답에 도달할 수가 있다.

미리 대책을 생각해 두는 것. 말하자면 카 네비게이터의 리루트 기능과 같은 것이다. 리루트란 길을 잘못 들어서면, 그때마다 목적지에 도착할 수 있도록 자동적으로 가야 할 길을 다시 구성하는 것이다. 이 기능을 일에 응용하자는 것이다.

54

세 단계 시나리오가 있으면
어떤 사태에도 대응할 수 있다

리루트 기능을 일에 응용하려면 어떻게 해야 하는 것일까? 그러기 위해서는 세 단계의 시나리오를 만들어 두면 될 것이다.

1_ 바람직한 시나리오(최신=should-be forecast)

'이렇게 되었으면 좋겠다. 이렇게 되어야 한다'라는 희망적 관측이 담겨 있는 시나리오를 말한다. 현실을 냉철하게 직시하지 않으면 안 된다. '잘만 되면 이렇게 된다'라고 하는 낙관적인 판단은 위험하기는 하지만, 동시에 즐거움이 되기도 한다. 그야말로 희망인 것이다(물론 늘 정부에서 발표하는 시나리오와 같은 것이라면 '양치기 소년'이 되어 버릴 수도 있다).

2_ 이렇게 될 것이다 시나리오(보통=would-be forecast)

이 상태로 간다면 이렇게 될 것이라는 현실적인 시나리오다. 희망적 관측도 없으며, 비관적인 관측도 없다. 언제까지나 과거와 현재의 연장선상에 있는 시나리오지만, 여기에도 불확실성, 불확정성이 반드시 뒤따르게 된다.

3_ 있을지도 모를 시나리오(최악=could-be forecast)

어쩌면 일어날지도 모를, 만에 하나 있을지도 모를 상태를 가능한 한 다차원적으로 상정한 시나리오다. '다차원적'이라는 의미는 객관적 데이터에 의한 시나리오, 정책 연구소나 유식자들에 의한 예측 등이 그 주요한 것인데, 포인트는 '최악의 사태'를 상정하여 만들어 둔다는 것이다.

즉 한마디로 말하자면 최선, 최악, 그 중간적인 가장 현실적인 예측이라는 세 종류의 시나리오를 준비하는 것이다. 이렇게 해 둔다면 현실적으로는 '바람직한 시나리오(최선)'와 '있을지도 모를 시나리오(최악)' 사이에, 그것도 '이렇게 될 것이다 시나리오(보통)'에 한없이 가까운 선상에서 일이 진행될 것이다.

만약 이것들조차 뛰어넘어 버리는 사태가 일어나게 된다면, 그것은 인지(人知)를 넘어선 문제로 예측 불가능한 사태인 것이다. 더 이상 손쓸 수가 없다. 그것은 포기할 수밖에 없다.

최악의 사태를
각오하고 있으면 길은 열린다!

구체적으로 이야기를 해보자.

지금 당신이 상품 구매부의 리더라고 하자. 어느 날, A점에서 인기 상품을 만 개 판매, 커다란 업적을 올렸다는 보고가 들어왔다. A점에서 과감하게 '같은 상품을 만 개, 아니 2만 개 들여놓겠나'고 연락을 해왔다.

과연 당신이라면 어떻게 하겠는가?

앞서 말한 세 종류의 시나리오를 적용시켜 보면 이렇게 된다.

1_ 바람직한 시나리오(최선=should-be forecast)

'그렇게 잘 팔린다면 만 개, 2만 개가 아니라 다른 점포에도 물건을 더 대기 위해서 5만 개, 아니 10만 개 들여오자.'

2_ 이렇게 될 것이다 시나리오(보통=would-be forecast)

'이 기세는 앞으로도 계속될 것이다. 발주는 역시 만 개가 좋겠다. 2만 개는 위험하다.'

3_ 있을지도 모를 시나리오(최악=could-be forecast)

'유행 상품처럼 무서운 것도 없다. 매장에서 고객에게 물어보거나 다른 점포, 라이벌 점포의 데이터도 조사해 보자. 그런 다음에 발주를 해도 늦지 않는다.'

'지금 주문을 해도 재고가 없기 때문에 물건을 받는 것은 일 개월 후다. 그때에도 팔릴까? 만약 다 팔지 못한다면? 경품으로 사용할 수 있겠군. 그래 5천 개만 하자.'

현실적으로는 구매 담당자의 생각에 따라서 숫자가 결정된다. 즉 그들의 의식, 성격에 따라서 발주 숫자가 결정되는 것이다. 공격적인 담당자라면 틀림없이 **1**에서 **2** 사이, 신중한 담당자라면 **3**에서 **2** 사이에서 일을 처리할 것이다.

좀더 폭넓게 생각하는 사람이라면 **1, 2, 3**의 모든 요소를 조합하여 종합적인 판단을 할 것임에 틀림없다.

예를 들어서 처음에는 우선 5천 개를 발주한다. 2주일 후에 다시 5천 개, 그리고 다시 2주일 뒤, 즉 재고가 전부 매장에 진열될 때에 다시 5천 개를 발주해 두는 것이다. 이렇게 하면, 만약 매장에서 생각한 것만큼 물건이 팔리지 않았을 때는 마지막

5천 개는 바로 캔슬을 할 수 있을 것이다.

그렇다면 처음 5천 개, 두 번째의 5천 개는 어떻게 할 것인가?

이것은 무슨 수를 써서라도 파는 수밖에 없다. 바겐세일 상품, 경품으로 활용해도 좋을 것이다. 최악의 사태를 맞이했을 때의 대처 방법을 처음부터 프로그래밍 해놓는 것이다.

이것을 리스크 관리라고 한다.

보고하지 마! 해결책을 제시한다

'종업원이 발생한 문제에 대해서만 보고를 하면 참을 수가 없단 말이야. 우선 해결책을 제시하고 난 다음에 문제의 상황을 자세하게 설명해 줬으면 좋겠어.'

이것은 어느 유명 기업 경영자의 불평이다.

실패했다는 보고 따위는 듣고 싶지 않다. 우선, 어떻게 해야 할 것인가? 그 대책 안, 해결 안을 제시한다. 그런 다음에 왜 실패했는가에 대한 설명을 정리하여 행하는 것이 '어른의 일'이다.

순서를 틀려서는 안 된다. 먼저 해결책을 제시하는 것이다. 그런 다음에 문제의 상황을 설명하는 것이다.

모든 정답을 사장이나 상사에게 기대하는 것은 무리다. 상황을 가장 자세하게 알고 있는 것은 현장에 있는 종업원이 아니겠는가? 따라서 본인이 최선의 해결책을 제시하기 바란다. 이것이 가장 좋은 방법이며, 그렇지 않으면 '어른의 일'이 되지 못하기 때문에 제 몫을 다하지 못하는 인간으로 낙인 찍히게 될 것이다.

신에쓰카가쿠코교(信越化學工業)의 전 경리 담당 상무였던 가네코 아라키(金兒昭) 씨(현 고문, 와세다 대학 대학원 객원 교수)의 경우를 소개해 보겠다.

그는 젊은 시절, 한때 종원업 7명의 작은 회사에서 근무한 적이 있었다. 이렇게 작은 회사에서는 주문에서부터 판매, 대금회수, 장부 정리까지를 모두 혼자서 하지 않으면 안 된다.

어느 날, 친분이 있는 단골 거래처에서 50만 엔이라는 대금을 회수할 수 없는 상황이 벌어지고 말았다. 몇 번을 청구해도 '지금 돈이 없다'며 상대도 해주지 않았다. 이때 그는 이 일을 몇 번이고 상사에게 보고했지만, 되돌아오는 것은 '방법을 강구해서, 무슨 일이 있어도 가장 먼저 회수해 올 것'이라는 대답뿐이었다.

구체적으로 이렇게 해라, 저렇게 해라 하고는 단 한마디도 하지 않았다.

'하기 싫은 일도 중요한 일이라는 말인가?'

그런 것은 잘 알고 있다. 불황 때문에 정말로 경영이 힘들어 보였다. 상품도 팔리지 않는다. 하지만 회수를 하지 못한다면 일이 되질 않는다. 과연 어떻게 하면 좋을지?

'경영이 힘들어서 지불하지 못하는 것이다. 만약 경영 상태가 좋아지면, 지불할 능력이 생기니까 지불해 줄 것이 아니겠는가?'라고 생각한 그는 거래처의 사장에게 확인을 했다.

"사장님, 돈이 생기면 지불해 주실 거죠?"

"물론이지. 돈이 생기면 지불할게."

"약속하셨습니다."

"약속하지."

타사 상품을 스스로 팔아서
대금을 챙긴 사내

도대체 가네코 씨의 목적은 어디에 있었던
것일까?

그는 그 회사의 영업 사원이 되어 세일즈를 하며 돌아다녔다. 상품 팸플릿을 받아다가 평소 알고 지내던 회사에 물건을 팔 계획이었다고 한다.

돈이 없다. 그래서 대금을 받지 못한다. 하늘이 무너져도 없는 것은 없는 것이다. 지불하지 못하는 것은 지불하지 못하는 것이다. 그러니 불평을 할 시간이 있으면 그동안 돈을 만들 것. 그리고 그런 다음에 전부를 회수하는 것 외에는 방법이 없다.

여기에 앞서 기술한 세 단계의 시나리오를 적용시켜 보면 이렇게 될 것이다.

1_ 바람직한 시나리오(최선＝should-be forecast)

'회사를 정리하고 대금을 지불해 준다.'

'금융 기관에서 대출을 받아 대금을 지불해 준다.'

'갑자기 물건이 팔리기 시작해서 대금을 지불해 준다.'

2_ 이렇게 될 것이다 시나리오(보통＝would-be forecast)

'여전히 대금을 받지 못한다.'

'상사와 상의해서 불량 채권으로 처리해 버리는 편이 낫다. 이런 생산성 없는 일에 매달리는 것은 손해다.'

3_ 있을지도 모를 시나리오(최악＝could-be forecast)

'도산해 버리면 본전도 못 찾는다.'

'취업 규칙에는 위반될지는 모르겠지만, 내가 그 회사의 상품을 팔아 주자.'

'팔아서 돈을 벌면 우선적으로 대금을 지불하도록 하자.'

결국 그가 채택한 시나리오는 **3**인 '있을지도 모를 시나리오', 즉 최악의 시나리오였다.

그 덕분인지 어려웠던 회사 사정이 조금씩 좋아지기 시작했다. 그리고 최종적으로는 그가 생각한 대로 대금을 전액 회수할 수 있었다. 참으로 다행스러운 일이다.

앞서 교섭이란 'win-win(모두가 승자) 관계'가 아니면 성립되지 않는다고 기술했다. 이 경우도 '샀으니 당연히 대금을 지불해야 한다'고만 생각하고 있었다면, 상황에는 전혀 변화가 없었을 것이다. 아니 오히려 악화되었을 것이다.

그는 최악의 시나리오를 각오하고 있었기 때문에 대금 회수라는 문제를 해결할 수 있었던 것이라고 생각한다.

잘 생각해 보면 알 수 있겠지만, 이것 이외의 시나리오는 전부 타력에 의지하는 것이 아닌가?

경기가 풀리면 회수할 수 있다, 대출을 해서라도 지불해 준다, 회사를 정리하고 지불을 해준다, 불량 채권으로 처리해 버린다……, 이렇게 타력에 의존해서는 문제가 해결될 리가 없다. '군자는 위험한 곳에 가지 않는다'란 말이 있는데, 이는 그야말로 '아이의 일', '어린 심부름꾼'이 아니겠는가?

'어른의 일'은 자신의 힘만을 믿는다. 할 수 있는 일은 전부 해본다. 최악의 시나리오에 용기를 갖고, 두려워하지 않고 도전해야 한다.

호랑이를 잡으려면 호랑이 굴에 들어가야 하는 법이다.

'곤 식(式) 시나리오'는
이렇게 작성한다!

'성공하는 기업가는 도약을 두려워하지 않지만, 그전에 우선 상황을 파악하려고 한다. 그들은 죽음을 바라지는 않지만, 목표에 도달하기 위해서는 위험도 불사하겠다는 각오를 하고 있다. 그리고 참으로 뛰어난 기업가는 실효성이 있는 제2, 제3의 대책 안을 준비한 뒤가 아니면 위험을 저지르려 들지 않는다.'

이것은 미국을 대표하는 한 기업가의 말인데 '어른의 일'은 바로 이래야 한다.

현실을 직시, 파악, 목표 지점 도달에 대한 열의, 그리고 대책 안 준비. 그것도 두 번째, 세 번째를 준비한 뒤 차례로 끄집어낸다.

'실패했습니다.'

'다음 방법은?'

'없습니다. 모든 것을 그 대책 안에 걸고 있었습니다.'

이것은 그야말로 도박이다. 일은 도박이 아니다. 마지막 순간까지 생각에 생각을 거듭하여, 결코 포기해서는 안 되는 것이다.

5년 전, 2조 천억 엔이라는 실질 유이자 부채에 허덕이던 닛산 자동차는 카를로스 곤 씨 취임 이후 경비 삭감과 판매 회복의 성과가 열매를 맺어, 단 3년여 만에 부채를 없애고 극적으로 완전 부활을 이루었다.

그야말로 닛산의 기적이다. 물론 중심 인물은 카를로스 곤 씨였다.

메인 공장을 정리하고, 이윤을 남기고 있던 사업(우주 개발 사업)을 본업이 아니라는 이유로 처분하고, 계열 관련 기업과의 주식 거래 자체를 개선했다. 닛산 내외에서 비난의 목소리가 높았지만, 빈사 상태에 빠진 회사는 이렇게 하지 않았다면 소생하지 못했을 것임에 틀림없을 것이다.

곤 식 시나리오는 어떤 것이었는지 여기서 소개해 보기로 하겠다.

'중요한 것은 최악의 시나리오를 생각하는 것입니다. 일 달러 대비 백 엔. 일본 시장은 5% 감소할 것이라고 상정하고 있습니다. 닛산에게 있어서 이것은 최악의 시나리오입니다. 하지만 그래도 성장할 수 있도록 하겠습니다.'

최악의 시나리오를 작성하는 이유는 그가 비관주의자이기 때문이 아니다. 가령 최악의 상황으로 떨어진다 하더라도 성장할 수 있도록 만들겠다고 선언한 것이다. 만약 최악까지 떨어지지 않는다면 어떻게 되는 것일까? 차액만큼 성장률이 올라가는 것 아닌가? 이 마이너스 사고로 곤 씨는 '닛산 리바이벌 계획(3년 계획)'을 일 년 앞당겨 달성했다.

여기서 배워야 할 것은 최악의 시나리오를 그려 보고 비관하자는 것이 아니다.

'이 이상 나빠지지는 않는다!'

'그렇게 되지 않도록 충분히 대책을 세웠다.'

'이 시나리오에 따라서 전 사원이 하나가 된다면, 목표는 반드시 달성할 수 있다.'

곤 씨가 표방한 것은 전형적인 목표 관리였다. 목표를 설정하고 어떻게 하면 거기에 도달할 수 있을지, 그 지침을 계획으로 작성했다. 그것을 비전으로서 종업원, 사용자, 거래처, 하청 업체, 주주들이 눈으로 확인할 수 있도록 설명했다(그렇기 때문에 비전이라고 한다).

밑바닥을 알게 되면 두려움에 몸을 움직이지 못하는 사람들도 있지만, 그는 전혀 달랐다. 밑바닥을 바라보고 '저렇게는 되지 않으니 걱정 말라'며 주위 사람들을 질타·격려했다.

그랬기 때문에 종업원들이 신뢰감을 품을 수 있었다. 그랬기 때문에 성공한 것이었다.

판단 착오의 원인 중에서
가장 많은 것은 '거짓말'

시나리오는 불확실성, 불확정성 속에서 가능한 한 정확한 판단을 하기 위한 수단인데, 현실적으로는 아무래도 판단 착오를 일으키는 경우가 적지 않다.

예를 들어서 애매한 표현은 실수의 원인이 되는 경우가 적지 않다. 관리직에 있는 사람들은 언제나 부하를 잘못 인도하여 뼈 아픈 실수를 겪고 있는 것은 아닐지. 나도 법인 영업의 책임자를 맡고 있었기 때문에 잘 알고 있다.

영업 사원들은 고객이 적당히 둘러댄 말을 수락한 것이라고 지레짐작하여 낭패를 보는 경우도 흔히 있다.

그렇다면 커뮤니케이션에서 가장 좋지 않은 표현이란 도대체 어떤 것일까?

그것은 '거짓말'이다.

이것은 정말로 좋지 않다. 거짓말 때문에 애써 그린 시나리오가 엉망이 되어 버리는 것은 흔히 있는 일이다. 데이터가 잘못된 것이라면 결과가 엉망이 되어 버리는 것이 아주 당연한 일이 아니겠는가?

거짓말 중에서도 악의가 담긴 거짓말은 바로 치명상이 되는데, 선의의 거짓말도 좋지 않기는 마찬가지다. 대체로 선의의 거짓말을 하는 것은 마음 좋은 사람이 조금이라도 상대를 기쁘게 해주기 위해서 자기도 모르게 거짓말을 하게 되는 것이다. 하지만 이것도 좋지 않다. 악의가 있는 사람이라면 정말로 그런지 확인을 하게 되지만, 이는 선의이기 때문에 마음 놓고 들어 버리게 된다. 물론 신용을 하게 된다. 그렇기 때문에 좋지 않은 것이다. 이런 영업 사원을 흔히 볼 수 있을 것이다.

그런데 월말이 되자 상황은 급변. '안 됐습니다', '사장이 부재 중이라 결재가 떨어지질 않습니다'라며 갑자기 변명을 하는 것이다. 결과를 바탕으로 생각해 보자면, 이 보고는 거짓말이었던 것이다. '이제 와서 그런 소릴 하다니……, 진작 보고를 했으면 어떻게 대처할 수도 있었을 텐데'라며 발을 동동 구르게 된다.

하지만 부하의 성격을 알고 있었다면 얼마든지 손쓸 수 있었을 것이다. '저 녀석 사람은 좋은데 조금 낙관적이고, 너무 쉽게 생각한단 말이야. 저 녀석이 말하는 괜찮다는 아직 잘 모르겠다, 글쎄요는 절대로 안 된다는 뜻으로 받아들이자'라는 식으로 말이다.

물론 그중에는 위의 경우와는 완전히 반대로 비관적인 사람도 있다. 이 경우에는 조금 긍정적으로 생각하면 된다. 이것이 안배라는 것이다.

부하가 거짓말을 하지 않도록 하기 위해서는 팀 분위기가 중요하다.

언제나 엄격하게 질타하기만 하면, 저 사람에게 나쁜 정보를 전달했다가는 봉변을 당한다고 주위 사람들이 몸을 사리게 된다. 좋은 소식은 언제 보고를 받아도 상관없지만, 나쁜 소식은 사칫 잘못하나가는 치명상이 될 수도 있기 때문에 한시라도 빨리 보고를 받아야만 한다.

즉 나쁜 정보일수록 '그래? 그런 일이 있었나?', '그래서? 응, 응. 그렇군'이라며 속으로는 위가 아파올 정도로 난처함을 느낀다 하더라도 태연한 척 듣지 않으면 안 되는 것이다. 이것이 '어른의 일'이다.

노이즈와 시그널을 준별하라

노이즈가 많으면 휴대 전화도, 라디오도 잘 들리지 않는다. 거짓말은 정보 중에서도 전형적인 노이즈기 때문에 당연히 정확한 사실을 제대로 알아들을 수가 없다.

그렇게 되면 아무래도 판단에 있어서 착오가 많아지게 된다.

올바른 판단을 하기 위해서는 이들 노이즈와 시그널을 정확하게 구별할 줄 알아야만 한다.

예를 들어서 부하의 보고 중에는 사실과 부하의 의견, 추정, 감상, 전해 들은 것 등과 같은 정보가 섞여 있을 것이다. 그럼에도 불구하고 모든 것을 그대로 받아들이면, 판단에는 시그널뿐만 아니라 노이즈의 영향도 반드시 포함되기 때문에 결과가 어긋나 버리게 된다.

도대체 어디까지가 사실이고, 어디까지가 추정인지를 본인에게 확인하지 않으면 안 된다.

'저쪽 부장은 꽤 좋은 기획이라고 높이 평가해 주었지만 사장이 그다지 내켜 하고 있지 않기 때문에, 사장만 설득을 시킨다면 지금 당장이라도 계약을 할 수 있습니다.'

이런 간단한 보고 속에도 사실과 그 이외의 정보가 섞여 있는 것이다. 시험 삼아 한 번 분류해 보자.

1_ 사실

    '부장은 기획에 호의적.'

2_ 인상

    '사장은 그리 높이 평가하고 있지 않다.'

3_ 의견

    '사장이 높이 평가해 준다면 계약을 따낼 수 있다.'

사실은 '부장은 기획에 호의적'이라는 것뿐이며, 나머지는 전부 부하의 생각이다. 이것이 좀더 복잡해지면 사실과 사실 이외의 것이 더욱 어지럽게 얽혀서 잘못된 판단을 하게 되는 것이다.

물론 말할 필요도 없이 부하의 의견도 중요한 정보임에는 틀림없다. 하지만 그것도 어떤 사실을 근거로 그렇게 느낀 것인지를 확실하게 해둘 필요가 있다.

마지막 일침을 가하고 있는가?

선의의 거짓말(악의가 담긴 경우도 마찬가지)을 어떻게 간파할 수 있는가 하면, 몇 번이고 사실 확인을 하면 된다.

다시 말하자면 '일침'을 가하는 것이다.

> "왜 그렇게 생각하는 거지?"
>
> "어째서 그렇다고 생각하는가?"
>
> "그 점에 대해서 좀더 자세하게 들려주게나."

이런 말을 몇 번이고 부하에게 해본다. 상사는 부하의 보고만으로 판단을 하는 경우가 많기 때문이다. '구체적으로 설명하도록 하겠다. 부하를 인터뷰한다'는 심정으로 캐묻는 것이다.

"이번 달 팀에 할당된 양을 달성할 수 있을 것 같은가?"

"문제없을 겁니다."

"무엇을 근거로 그런 말을 하는 거지?"

"A사가 긍정적입니다. 100% 확실할 겁니다."

"왜 그렇게 생각하나?"

"……제가 제출한 제안서를 굉장히 칭찬했습니다."

"어디가 마음에 들었다고 하던가?"

"……○○와 ○○입니다."

"그런가? 그렇다면 다음 주에 고맙다는 인사를 하러 찾아가야
겠군."

"……그건 조금 더 후에 가는 게 나을 것 같습니다."

"아니, 바로 약속을 좀 잡아 주게."

"……그렇습니까? 그럼 그렇게 하겠습니다."

왜 이렇게 자신이 없는 것일까?

"정말 그렇게 해도 되겠지?"

"네."

"정말 괜찮겠지?"

"……네."

부하를 믿는 것은 중요한 일이다. 하지만 완전히 내맡긴다면 부하가 쉽게 생각을 한다 하더라도 할 말이 없다. 최종 확인이란 상대에게 일침을 가하는 것이다. 그리고 미리미리 대책을 강구하는 것이다.

이것조차 하지 않고 완전히 내맡긴다면, 성공으로 가는 시나리오를 제아무리 작성해 봐야 그야말로 그림의 떡이 되어 버리고 만다. 즉 영원히 실현하지 못하게 되는 것이다.

'안전 장치'를 준비해 두라

<u>영업이란, 어느 회사나 마찬가지로 달성해야 할 할당량이 과도하게 주어지기 때문에 월말, 분기말이 되면 한층 더 숫자에 집착하게 되는 법이다.</u>

이러한 때, 기한이 거의 다 돼서 '안 되겠습니다'라는 보고를 받게 되면 모는 것이 엉망이 되어 버리고 만다.

따라서 영업 사원은, 특히 리더라면 '바람직한 시나리오=최선' 같은 것에는 신경을 써서는 안 된다. 그런 것은 나중에 달성했을 때 즐기면 되는 것이다(적중하면 좋겠지만, 대부분 적중하지 않는다). 중요한 것은 '이렇게 될 것이다 시나리오=보통'을 확실하게 해두고, '있을지도 모를 시나리오=최악'에 대처할 수 있도록 준비해 두는 것이다.

준비란, 할당량에 도달할 수 있도록 숫자에서 눈을 떼지 말고 시나리오를 상황에 따라서 적절하게 바꾸는 것을 말한다.

이것이 일에 있어서의 '안전 장치'다.

어떤 판매 회사의 영업 과장은 분기말이 되면 '만약'의 경우에 대비해서 다음 달에 올릴 예정인 매출액을 이번 달로 돌리려고 준비를 하고 있을 정도다. 그는 자기 팀에게 주어진 할당량을 달성할 수 있을지가 아니라, 회사 전체의 계획, 부문의 계획을 달성할 수 있을지를 중시하고 있는 것이다.

'매출 계획 미달'이 되면 상장 기업인 경우에는 주가가 틀림없이 하락한다. 책임 추궁을 당하게 될 것이 뻔하다.

그 외의 기업도 마찬가지다. 리더라면 '미달'이라는 메시지가 얼마나 사기를 저하시키는 것인지를 깨달아야 한다.

그렇기 때문에 그는 자신의 팀이 공헌할 수 있을 만한 숫자를 준비하는 것이다. 물론 세일즈는 그리 만만한 것이 아니다. 이번 달 매출액으로 계산한 것을 다시 다음 달 매출액으로 계산할 수는 없는 일이다.

하지만 이 영업 과장은 언제나 분기말이 되면 그런 준비를 한다. 일개 팀을 맡고 있는 과장이면서도 언제나 회사 전체, 부문 전체에 대해서도 신경을 쓴다. 즉 '어른의 일'을 하고 있는 것이다. 그렇기 때문에 같은 또래 중에서는 가장 높은 평가를 얻고 있다.

한층 더 높은 차원에서 전체를 둘러보는 여유와 사명감. 바로 이것이 '어른의 일'인 것이다.

평범한 사람이 직장에서 성공하는 방법

2004년 04월 11일 1판 1쇄 인쇄
2007년 11월 05일 1판 3쇄 펴냄

지은이 | 나카지마 다카시
역자 | 홍영의
기획 | 김정재
디자인 | 강희연
마케팅 | 홍의식

펴낸이 | 하중해
펴낸곳 | 동해출판
등록 | 제302-2006-48호
주소 | 경기도 고양시 일산동구 장항1동 621-32 (우410-380)
전화 | 031)906-3426
팩스 | 031)906-3427
e-mail | dhbooks96@hanmail.net

ISBN 89-7080-124-3 (03320)
＊값은 뒤표지에 있습니다.
＊잘못된 책은 구입하신 서점에서 바꾸어 드립니다.